생각이
크는
인문학

음식

생각이 크는 인문학_음식

지은이 김종덕
그린이 이진아

1판 1쇄 발행 2018년 1월 10일
1판 9쇄 발행 2024년 6월 1일

펴낸이 김영곤
키즈사업본부장 김수경
에듀2팀 김은영 박시은
키즈마케팅팀 정세림
아동마케팅영업본부장 변유경
아동마케팅1팀 김영남 손용우 최윤아 송혜수
아동마케팅2팀 황혜선 이규림 이주은
아동영업팀 강경남 김규희 최유성
e-커머스팀 장철용 전연우 황성진 양슬기
디자인팀 이찬형

펴낸곳 (주)북이십일 을파소
출판등록 2000년 5월 6일 제406-2003-061호
주소 (우 10881) 경기도 파주시 회동길 201(문발동)
연락처 031-955-2100(대표) 031-955-2177(팩스)
홈페이지 www.book21.com

ⓒ 김종덕, 2018

ISBN 978-89-509-7314-8 43300

책 값은 뒤표지에 있습니다.

• 제조자명 : (주)북이십일
• 주소 및 전화번호 : 경기도 파주시 회동길 201(문발동) / 031-955-2100
• 제조연월 : 2024.06.
• 제조국명 : 대한민국
• 사용연령 : 8세 이상 어린이 제품

생각이 크는 인문학

14 음식

글 김종덕
그림 이진아

을파소

목 차

1장

음식에 대해 얼마나 알고 있나요?

아…

우리가 이렇게 아픈데
너희는 멀쩡할 줄 알았어?

2장

내가 먹는 음식에 어떤 문제가 있나요?

5장

내가 먹는 음식으로 세상을 바꿀 수 있다고요?

우리 몸과 마음을 키우는 음식

우리는 태어나서 지금까지 음식을 먹어 왔어요. 음식 때문에 태어났고, 살 수 있고, 성장할 수 있습니다. 음식이 지금의 나를 만들었다고 할 수도 있지요. 그뿐만 아니에요. 음식은 우리에게 기쁨과 즐거움을 주기도 하죠.

우리 삶에서 음식만큼 중요한 것이 또 있을까요?

우리는 태어나서 지금까지 먹어 왔고, 앞으로도 계속 음식을 먹어야 하지만, 특히 어린 시절에 먹는 음식은 더욱 중요해요. 한창 자라는 시기에 음식은 성장에 중요한 역할을 할 뿐만 아니라 어린 시절에 익힌 음식의 맛과 식습관은 이후의 삶에 여러 영향을 끼치니까요. 만일 어린 시절에 먹은 음식으로 정신이나 몸에 이상이 생기면, 사는 내내 다른 어려움을 겪을 수도 있지요.

이 때문에 어린이와 청소년들은 더더욱 바른 음식을 먹어야 해요. 가정이나 학교에서는 자녀나 학생들이 제대로 된 음식을 먹도록 가르쳐야 해요. 또한 십 대들 스스로도 음식의 중요성을 알고, 바른 음식을 먹도록 노력해야 하지요.

대부분의 청소년들은 습관처럼 음식을 먹어요. 음식이 우리 몸과 마음이 자라는 데 큰 영향을 미친다는 것을 미처 깨닫지 못하기 때문이에요. 식사도 대충하고요. 그런 점에서 오늘날 많은 사람들이 음식은 먹어도 정작 음식에 대해 전혀 모르는 음식문맹자라 할 수 있습니다. 이 책에서 강조하는 점은 음식은 먹는 것 이상의 행위라는 점이에요.

한 끼 식사는 단지 음식을 섭취해 내 몸에 에너지를 공급하는 행위에만 그치지 않아요. 내가 먹는 한 끼는 음식의 생산, 가공, 유통, 소비에 영향을 끼치고 앞으로 내 삶에도 매우 큰 영향을 미치지요. 그렇기 때문에 음식과 관련된 복잡한 사정을 잘 알아야 앞으로도 잘 먹고, 건강하게 살아갈 수 있어요.

이 책을 통해 우리 친구들이 자신이 먹는 음식에 대해 잘 알게 되길 바라요. 아울러 내가 먹는 음식이 일으키는

문제에 대해 이해하고, 바른 먹을거리를 먹는 좋은 식습관
을 기르게 되길 바랍니다.

2017년

김종덕

1장
음식에 대해
얼마나 알고 있나요?

음식이 왜 중요할까?

우리는 태어나서 죽을 때까지 평생 음식을 먹습니다. 사람은 스스로 에너지를 만들어 내지 못하기 때문에 음식으로 에너지를 얻어야 해요. 그것도 매일매일 하루에도 몇 번씩이나 음식을 먹어요. 음식을 먹지 않으면, 한동안은 그간 몸에 쌓아 놓은 에너지로 버틸 수 있지만 계속해서 먹지 않으면 결국 죽고 말지요.

우리가 먹는 음식은 우리의 몸을 구성하는 부분이 됩니다. 우리 몸에 들어온 음식은 혈액, 세포, 몸을 이루는 기관을 만들고, 팔다리 같은 몸의 기관이 움직일 수 있게 하죠. 제대로 된 음식은 우리 몸이 잘 자라고, 건강하게 살 수 있게 해 주지만 잘못된 음식은 우리 몸을 유지하기 어렵게 만들어요. 음식이 이런 기능을 하기 때문에 제대로 된 음식을 먹어야 해요.

생명을 유지하는 수단이라는 점에서도 음식은 중요하지만 사회를 유지하는 매우 중요한 요소이기도 해요. 어떤 사회가 유지되려면 그 사회 구성원들의 먹는 문제를 해결할 수 있어야 하겠죠? 그러려면 필요할 때 어렵지 않게 식량을 구할 수 있어야 하지요. 식량이 제대로 공급되지 않아서 음식 재료 가격이 갑자기 오른다든지, 꼭 필요한 시기에 식량을 구하지 못한다면 그 사회는 혼란에 빠지게 되겠죠. 굶어죽는 사람이 늘어나고, 많은 사람들이 영양이 부족해 건강을 잃을 수도 있습니다. 과거에는 먹는 문제가 해결되지 않아 폭동이 일어나기도 했고, 그것이 혁명으로 이어지기도 했어요.

또 음식은 지역의 역사와 문화를 나타내죠. 어떤 지역의 음식에는 그것을 먹는 사람들의 과거와 연결된 역사가 담겨 있어요. 음식 자체가 문화라고 할 수 있지요. 농산물을 키우고 거두어들이는 일, 그 농산물을 음식으로 만드는 조리 과정도 그 지역의 문화예요.

예를 들어 같은 배추 씨를 심어도 한국과 일본에서 생산되는 배추가 다릅니다. 날씨, 물, 그것이 자라는 흙 등 자연조건이 생산에 영향을 미치기 때문이에요. 먹을거리의 생산이 지역의 특성과 관련이 있기 때문에 지역 특산물이 있고, 그것을 이용한 지역 음식이 생겨났어요. 지역 음식은 지역 문화가 되고, 지역의 독특한 성질을 표현하죠. 그래서 음식이 어떤 지역을 대표하고 상징하게 되는 거예요.

이처럼 음식은 개인에게도 사회적으로도 무척 중요한 요소입니다. 지금부터 음식을 둘러싼 다양한 이야기를 나눠 보도록 할까요?

음식은 상품일까, 아닐까?

국제식량농업기구*의 자료에 의하면, 전 세계 인구 70억 명 중 9억 명 정도가 굶주리고 있다고 해요. 9억 명은 전 세계 인구의 약 13퍼센트에 해당하는 숫자로, 100명 중 13명 정도가 제대로 끼니를 먹지 못한다는 뜻이에요.

> ✽ 국제식량농업기구(FAO: Food and Agriculture Organization) 세계의 식량 생산과 분배 및 굶주림의 문제를 해결하기 위해 설립된 유엔의 전문 기구이다.

보통 굶주림의 문제는 잘살지 못하는 나라에만 있다고 생각하죠. 맞는 말이기도 하지만 잘사는 나라에도 굶주림으로 고통받는 사람들이 있어요. 대표적인 선진국인 미국이나 캐나다에도 수천만 명의 굶주리는 사람들이 있죠. 미국 공립 초등학교 교사들의 말에 따르면, 학생들의 절반 이상이 빈곤층에 속하는 공립 초등학교에서는 끼니를 먹지 못하고 학교에 오는 학생의 수가 꽤 많다고 합니다.

먹는 음식의 양과 음식의 질까지 따진다면 선진국에서 굶주리는 사람들의 수는 앞으로도 더 늘어날 거라고 해요. 그러니 어느 나라이든 굶주림을 결코 남의 문제로 여기고 모른 척할 수 없어요.

그런데 전 세계에 왜 그렇게 제대로 먹지 못하는 사람들이 많은 걸까요?

당연히 식량을 살 경제적 능력이 없기 때문이에요. 기아 인구는 하루에 1달러 이하의 적은 수입으로 살아가는 사람들을 가리키는 말이에요. 2007년 세계기아지수* 보고에 의하면 1억 6,000만 명은 하루에 미화 50센트, 우리 돈으로는 500원 남짓 되는 돈조차 쓰지 못할 정도로 가난하다고 해요.

이렇게 가난해서 겪는 굶주림 때문에 사람들은 엄청나게 고통받고, 심지어 생명을 잃기도 하죠. 굶주림의 결과는 이렇게 개인에게 매우 큰 영향을 미치는데, 사실 개인의 능력 차이로만 이런

> ★ 세계기아지수(Global Hunger Index) 굶주림의 정도를 세계적, 지역적, 국가별로 종합적으로 조사하고 관리하기 위해 설계된 지수이다. 매년 10월 세계 식량의 날 전에 발표된다.

현상을 설명할 수는 없어요. 식량이 공급되는 구조와도 깊은 관련이 있기 때문이죠.

오늘날 생산되는 먹을거리는 전 세계 인구를 먹이고도 남을 만큼 넉넉해요. 한꺼번에 아주 많은 양의 식량을 생산할 수 있는 시스템이 갖춰져 있고, 그것을 세계 곳곳에 공급할 능력도 충분하지요. 그럼에도 세계 인구의 약 9억 명 정도가 굶주리고 있다는 것은 식량이 생산되고 유통되는 시스템에 문제가 있다는 뜻이에요.

음식은 사람들의 생명과 건강에 직접 영향을 끼치는 아주 중요한 것임에도 불구하고 공장에서 만들어지는 상품처럼 다뤄지고 있어요. 하지만 먹을거리가 그런 상품처럼 여겨지면 여러 가지 문제가 생길 수 있어요.

우선 경제적인 능력이 음식을 먹을 수 있고 없음을 결정하는 유일한 방법이 되어 버려요. 돈이 많은 사람들은 좋은 먹을거리를 먹고, 가난한 사람들은 좋은 먹을거리를 먹을 수 없게 되는 거죠. 굉장히 가난한 사람들은 나쁜 먹을거리조차 먹을 수 없는 경우도 있어요. 그래서 생산되는 먹을거리의 양이 충분하더라도 굶어 죽는 사람이 생기는 것이죠.

또 먹을거리를 일반 상품처럼 다루게 되면, 먹을거리를 생산하는 사람이나 기업에서는 소비자의 건강이나 생명보다 돈을 많이 벌 수 있는지 없는지를 가장 중요한 요소로 여기게 되죠. 돈을 많이 벌 수만 있다면 건강에 좋지 않은 나쁜 먹을거리를 만들어서 팔기도 하는 것이죠.

식품을 생산할 때 가능한 한 더 적은 돈을 쓰고, 이윤은 더 많이 남기는 데에만 신경을 쓴다면, 점점 좋은 먹을거리는 줄어들고 나쁜 먹을거리가 늘어나게 됩니다. 결국 좋은 음식을 먹고 싶어도 먹지 못하는 상황이 생기게 돼요. 나쁜 먹을거리가 늘어나면 좋은 먹을거리는 상대적으로 더 비싸지죠. 결국 가난한 사람들은 좋은 먹을거리를 비싸서 먹을 수 없게 돼요.

식품이 상품이 될 때 벌어지는 또 다른 문제는 그것을 사는 소비자가 식품에 대해서 잘 알 수 없게 된다는 점이에요. 오늘날 식량을 일반 상품으로 만들고 그 상품을 공급해 파는 일이 전 세계에서 일어나고 있어요. 그래서 소비자들이 식품에 대해 알고 싶어도 알기 쉽지 않아요. 식품의 원료를 얻는 곳과 식품으로 만들어지는 곳, 포장을 하는 곳, 유통을 하는 곳이 모두 다르기 때문에 내가 먹는 음식이 얼마나 많은 사람들의 손을 거쳐 나에게까지 오는지 알기 어려운 거지요.

식품을 구성하는 성분에 대해서 표시하는 제도가 있지

만, 작은 글씨에 어려운 말로 적혀 있어서 소비자들은 무슨 말인지 이해하기 어려워요.

게다가 먹을거리가 일반 상품과 똑같이 다뤄지면 정부에서 식량문제에 대해 적극적으로 나서서 관여할 수 없어요. 상품을 생산하고 유통하는 일이 기업의 일이라고 생각하기 때문이죠.

이런 문제가 심각해지면서, 먹을거리를 일반 상품과 다르게 여겨야 한다는 주장도 생기고 있어요. 먹을거리를 공공재*의 성격으로 다뤄야 한다는 것이지요.

★ 공공재 개인의 재산의 반대말로, 모든 사람이 공동으로 이용할 수 있는 물건이나 서비스를 말한다.
★ 기본권 인간이 태어나면서부터 가지는 기본적인 권리로 자유권, 평등권, 사회권, 참정권, 청구권이 있다.

이와 관련해서 국제연합(UN)이 기본권*으로 발표한 '식량권'이 사람들의 관심을 끌고 있습니다. 식량권은 1948년 국제연합의 인권선언에서 처음으로 발표되었어요. 1976년에는 식량권을 지키는 것에 관해 처음으로 구체적으로 말했지요.

"국가는 굶주림에서의 해방이라는 모든 사람들의 기본적인 권리를 인정하고, 국가가 각자의 노력을 통해서든지 서로 협력해서든지 그 문제를 해결하기 위해 필요한 계획을 세우고 프로그램을 실행해야 한다."

한마디로 음식은 사람이 살기 위해 필요한 가장 기본적인 요소이기 때문에 사람들이 굶주리지 않고 건강한 음식을 먹을 수 있도록 나라에서 그 권리를 지켜 주고, 구체적인 방법도 마련하고 실천해야 한다는 뜻이에요.

브라질 벨루오리존치라는 도시에서는 1993년부터 먹을거리를 공공재로 여기고 이를 바탕으로 식량 정책을 계획하고 시행해서 아주 좋은 결과를 이루어 냈어요. 덕분에 아기들이 죽는 일이 줄어들었고, 가난한 사람들의 건강과 영양 상태 역시 좋아졌어요.

이런 긍정적 결과를 주의 깊게 살펴보면 먹을거리를 공공재로 여겨야 하는 이유가 설명됩니다. 그러니 식량을 시장에서 생산해 파는 상품이 아니라 공공재로 보아야 한다는 거예요. 생각을 바꾸어야 한다는 이야기이죠. 그러기 위해서는 음식에 대해 더 많은 관심을 가져야 하고, 더 나아가서는 그것이 정책으로 실행되어야 하지 않을까요?

소통을 돕고, 갈등을 일으키는 음식

오늘날은 음식을 만들 때 먹는 사람에 대한 배려보다 이익을 더 생각하는 시대가 되었어요. 요즈음 대부분의 음식에는 배려가 빠져 있어요. 음식에 대한 배려는 음식 재료의 생산 과정, 그것을 상품으로 만드는 가공 과정, 음식으로 만드는 조리 과정, 음식을 대접하는 서비스 과정이 모두 해당됩니다.

음식은 우리 몸에 들어오기 때문에 음식을 만들 때 정성을 들여야 하죠. 먹는 사람의 몸 상태나 건강 등을 생각해 보아야 해요. 어머니가 가족을 생각하면서 만든 음식은 배려의 음식이라 할 수 있어요. 식당에서 파는 음식이라도 먹는 사람을 배려해 음식을 만들어 제공한다면 그것도 배려의 음식이라 할 수 있죠. 먹는 사람을 생각하면서 생산하거나 조리한 음식은 좋은 음식 재료를 사용하고, 정성이 들어가기 때문에 음식 자체가 좋고, 먹는 사람에게도 이로운 결과를 낳죠.

★ 조선요리제법 1913년 방신영(方信榮)이 쓴 우리나라 최초의 요리책으로 요리 용어 해설, 중량 비교, 각종 요리법이 실려 있다.
★ 조선무쌍신식요리제법 1924년 이용기(李用基)가 쓴 한국 음식 책이다.

우리의 전통 음식에도 먹는 사람을 배려한 음식이 여러 가지 있어요. 그중 하나로 숙깍두기를 들 수 있지요. 이 깍두기는 《조선요리제법★》, 《조선무쌍신식요리제법★》에 소개되어 있어요. 일반적인 깍두기는 생 무로 만들지만, 숙

깍두기는 네모반듯하게 썬 무를 물에 삶아 버무린 김치로, 치아가 약한 노인들을 배려해 만든 음식이죠. 무를 한 번 삶았으니 생 무

배려의 음식, 숙깍두기

보다 훨씬 무르겠지요. 그러니 노인들이 먹기에 편하고, 또 일반 깍두기와 다른 맛이 나서 특별한 음식이 되는 거예요.

어릴 때 맛본 음식에 대한 기억은 평생 갑니다. 모든 기억 중에서 음식의 맛 기억이 가장 오래간다고 할 수 있어요. 이런 이유로 음식의 맛은 기억이라고도 말하는 사람도 있어요.

사회가 느리게 변할 때에는, 음식 맛에 대한 기억이 부모와 자녀가 같았어요. 자연스럽게 부모의 기억이 자식에게 이어졌지요. 하지만 오늘날은 사회가 너무 빠르게 변화해 어른들이 어렸을 때 먹었던 음식과 요즈음 아이들이 먹는 음식은 완전히 달라졌어요. 요즈음 아이들은 지역에서 오랫동안 이어져 온 지역 음식이 아니라 패스트푸드처럼 강하고 자극적인 음식을 훨씬 자주 먹게 되었어요. 이 음식 맛은 부모들이 과거에 먹던 음식의 맛과는 다릅니다. 부모와 자식 사이에 음식의 맛 기억이 서로 달라져 문제가 생기

고 있어요.

부모 자식 사이에 음식에 대한 기억이 다르면, 음식 맛이 잘 전해지지 않게 되고, 어떤 지역만의 특별한 음식도 점차 사라지게 됩니다. 지역 음식이 사라지면 지역의 음식 문화 역시 사라지게 되겠지요.

그것은 그 지역이 원래부터 갖고 있던 특별한 가치와 성격을 잃어버리고 다양성이 사라지게 된다는 것을 의미해요. 어느 지역에서나 똑같은 맛을 내는 패스트푸드가 그 자리를 차지할 테니까요. 지역 음식이 사라지면 그 지역에서 생산되는 음식 재료를 사려는 사람도 줄어들 테고, 그것은 그 지역의 농업에도 영향을 미치겠지요. 지역의 음식이 사라진다는 것은 그냥 음식의 종류 하나가 사라지는 것에서 끝나지 않고 다른 쪽에도 영향을 미칩니다. 음식과 관련된 그 지역만의 문화가 사라진다는 것이니까요. 이 문제를 해결하려면 부모 자식 사이에 음식 맛을 연결하는 작업이 필요한 것이지요.

음식은 서로를 이해하는 매우 중요한 소통의 도구라고 할 수 있어요. 사람들은 음식을 단지 살기 위해 먹는 것이 아니라 음식에 어떤 가치와 의미를 담아내죠. 사람이 모이는 곳에는 음식이 나오고, 그러한 음식을 먹으면서 서로 의견을 나누며 소통이 이루어집니다. 식구들이 함께 모여 밥을 먹는 것도 그저 끼니를 해결하기 위한 수단이 아니라 가족 사이에 음식을 통해 서로를 이해하는 시간이 되는 거예요. 어른들이 회사에서 회식을 하거나 대통령이 외국 대통령과 함께 식사를 하는 것도 바로 이 때문이에요. 음식을 먹고 나면, 긴장이 풀려 마음이 편해지게 되니까 제대로 된 식사는 서로 마음을 열고 대화할 수 있는 분위기를 만들어 줍니다.

다만 음식이 서로를 이해하는 소통의 수단이 되려면 제대로 된 식사여야 합니다. 각자 한 끼 때우고 마는 패스트푸드는 함께 먹는다고 해도 소통이 제대로 일어나기 힘들어요. 하지만 제대로 된 음식, 함께하는 밥상에서는 소통이 더 쉽게 일어나죠.

또한 음식은 소통을 위한 상징 수단이 되기도 해요. 어떤 일을 상징하는 음식이 있어요. 아이 백일이나 돌 때 팥으로 만든 음식을 먹는 이유는 붉은색 팥이 귀신을 쫓아낸다고 생각하기 때문이죠. 결혼식 폐백에는 밤, 대추 등을 사용하는데, 밤과 대추가 많은 자녀를 낳는 걸 상징하기 때문이에요. 결혼, 환갑, 칠순 등의 잔치에는 보통 국수가 나왔죠. 면이 기다란 국수가 오랫동안 건강하게 사는 것을 상징하기 때문이에요. 이처럼 사람들은 행사 때 어떤 것을 상징하는 음식을 먹으면서 그 행사의 의미를 더 잘 이해하게 되고, 자연스럽게 소통하게 됩니다.

그런가 하면 음식은 때로 갈등과 다툼의 원인이 되기도 하죠. 특히 여러 나라의 문화가 뒤섞여 있는 사회의 경우, 다른 집단의 음식과 음식 문화에 대해 어떤 생각을 갖고 있느냐에 따라 음식은 서로 부딪치는 원인이 되기도 해요.

문화적 상대주의*는 특정한 나라의 사람들이 음식을 그들의 방식으로 먹는 것을 그 문화로 여기고 존중해야 한다고 이야기해요. 문화적 상대주의의 관점에서 다른 문화의 음식을 바라보고 인정하게 되면, 서로 부딪칠 필요가 없으니 평화로운 사회를 만드는 데 좋은 영향을 끼치는 거죠. 반대로 자기 나라 중심으로 다른 나라의 음식을 바라보면, 자신이 속한 음식 문화만이 뛰어나다는 잘못된 우월의식을 갖게 돼요. 그렇게 되면 다른 나라 음식은 수준이 낮아 바로잡아야 한다는 생각을 하게 되죠.

이슬람교도의 종교는 돼지고기를 먹지 못하게 되어 있어요. 그런데 이슬람교도와 함께 식사하면서 돼지고기를 억지로 먹게 하는 것은 상대방을 무시하고 깔보는 행위예요.

> ★ 문화적 상대주의 특정 국가의 문화가 자기 나라의 문화와 다를 수 있음을 인정하며 존중하는 태도를 말한다.

그런 행동은 갈등을 일으키게 되겠지요.

우리나라에서도 언어, 음식, 문화 배경이 다른 나라 사람들과 결혼하는 사람들이 종종 있죠. 다른 문화에서 자란 사람들은 우리나라 사람들과 가정을 이루어 자녀를 낳고 키우면서 여러 가지로 부딪치죠. 그중 하나가 음식 때문에 생기는 갈등이에요. 서로의 음식 문화와 식습관을 인정하고 받아들이면 별 문제가 없겠지만, 그렇지 않고 한국 음식을 강요하거나 자기 나라의 음식을 먹지 못하게 하면 갈등이 생길 수밖에 없겠죠.

음식 때문에 생기는 이러한 갈등을 줄이기 위해서는 다른 문화의 음식에 대해서 좀 더 열린 마음으로 받아들이고 문화로서 존중하려는 자세가 필요해요.

음식 문화는 원래 공동체를 바탕으로 만들어지고 발전했어요. 예전에 먹을거리는 지역의 공동체에서 생산되고 소비되었기 때문이에요. 내가 만든 먹을거리를 누가 먹는지 분명히 알고 있었고, 내가 먹는 먹을거리도 누가 생산한 것인지, 어디서 만들어진 것인지 알 수 있었지요.

하지만 오늘날에는 먹을거리를 키우는 생산자와 그것을 사 먹는 소비자가 멀리 떨어져 있어요. 생산자는 자신이 만든 먹을거리를 누가 먹는지 전혀 알지 못해요. 그러니 음식을 사 먹는 소비자들을 배려하지 않는 먹을거리가 공급되는 것이지요. 먹을거리 공동체가 무너진 거예요. 누가, 어디서, 어떻게 만들었는지 모르는 음식 재료로 차려진 밥상은 지역의 땅, 환경, 문화와 아무런 관계도 없는 음식이죠. 밥상에서 지역의 특별한 색깔이나 문화도, 의미도 찾을 수 없게 된 거예요.

우리의 생명과 건강, 즐거움을 결정하는 밥상을 식품 산업이 차리게 하지 말아야 합니다. 이를 막기 위해선 가족 밥상, 지역 밥상이 자리해야 하고, 지역에 먹을거리 공동체를 다시 일으켜야 하겠지요.

먹을거리 공동체가 모습을 되찾으면, 여러 가지 좋은 결과를 가져오게 될 거예요. 가족 밥상, 지역 밥상을 되찾을 수 있고, 이를 통해 사람들은 제대로 된 음식을 먹을 수 있지요. 지역 농업과 지역 음식을 중요하게 여기게 되면 지역 농업, 지역 음식도 살릴 수 있어요. 지역 경제가 활발하게 움직일 수도 있지요. 밥상이 돌아오면 농업의 기본 요소인 땅, 농민, 씨앗이 계속해서 이어질 수 있어요. 그러면 음식에 관한 지역만의 원래 특징을 찾을 수 있고, 이를 하나의 문화로 지켜 나갈 수 있어요.

벨루오리존치 이야기

국제연합은 인권선언과 경제적·사회적 및 문화적 권리에 관한 국제규약에 따라 회원국에게 식량권을 실행할 것을 권했어요. 국제연합의 회원국인 많은 국가가 헌법에 식량권을 포함시킨 이유가 그 때문이에요. 하지만 실제로 국민이나 시민들의 식량권을 인정하고, 계속 이것을 지켜 나가려 노력하는 예는 거의 없답니다.

브라질의 한 지방자치단체인 벨루오리존치(Belo Horizonte) 시는 1993년부터 시민들의 식량권을 인정하고 그것을 지키는 것을 지자체의 의무로 받아들였어요. 그리고 이것을 담당하는 기관인 조달국을 만들어 가난한 사람들에게 꾸준히 식량을 제공하는 정책을 실시해 왔어요. 시 조달국은 어떻게 먹을거리를 공급하고 영양과 식품 안전 정책을 꾸려 갈지 계획을 세우고, 조정하고, 실행해 나갔어요. 그렇게 영양 부족과 굶주림의 문제를 해결해 나가죠. 이 일을 진행하는 데 아주 중요한 한 가지 원칙은 모든 시민은 평생 적절한 양과 좋은 품질의 식량을 공급받을 권리를 가지며, 시 정부는 시민의 그 권리를 지켜 줄 의무가 있다는 거예요. 그게 바로 시민 식량권이라는 개념이에요. 이런 생각으로 벨루오리존치 시는 누구든 무료나 아주 싼값으로 음식을 사 먹을 수 있는 민중식당을 운영하고 있죠. 한국 돈으로 220원 정도면 누구나(가난하든 부자이든 외국인이든) 커피, 빵, 바나나 한 개의 아침 식사를 먹을 수 있고, 1,000원이 안 되는 가격으로 점심을 사 먹을 수 있어요. 그리고 저소득층 카드를 가진 사람들은 이 모든 걸 무료로 이용할 수 있지요.

벨루오리존치 시는 식량을 사 먹을 권리를 정부가 보호하고 책임져야 하는 공공재로 생각한 거예요. 정부에서 시민의 건강이나 교육, 복지에 대해 책임을 지는 것처럼, 시민들이 좋은 품질의 음식을 먹을 권리를 보호해 주어야 한다고 생각했어요. 시민들이 굶주리거나 영양이 부족한 상태에 처하지 않도록 정부가 적극적으로 식량의 생산과 공급 과정을 관리하고 조절하는 것을 의무로 받아들인 것이죠.

벨루오리존치 시의 식량 보장 프로그램은 크게 세 가지로 이루어져 있어요. 첫째, 가난한 가정이나 개인을 돕는 정책으로, 프로그램이 어느 순간 끝나지 않고 계속 진행될 수 있게 하는 것이죠. 둘째, 정부의 프로그램이 잘 미치지 않아 쉽게 식량을 구할 수 없는 지역에서는 일반 식량 생산자와 협력함으로써 식량을 공급하는 것을 목표로 삼아요. 이 프로그램으로 공급되는 기초 필수품, 과일, 채소의 가격과 품질은 시의 담당 기관에

첫째, 빈곤가정과 개인을 지원한다

둘째, 판매망이 취약한 지역에 식량을 공급

셋째, 생산자와 소비자의 거래를 지원하고, 지역 텃밭과 도시 농업을 장려!

서 엄격하게 관리해요. 셋째, 식량 생산과 공급을 더 늘리는 프로그램으로, 이를 위해 소규모 농업인들에게 기술과 경제적 도움을 제공하고, 농촌 생산자와 도시 소비자 사이에 직접 사고파는 직거래가 잘 이루어지도록 돕죠. 시민들이 지역 텃밭과 도시 농업을 할 수 있도록 도와주기도 하고요. 지속적인 시의 이런 정책을 통해 굶주리는 이들이 없도록 미리 막고 공동체가 함께 행복을 누리게 하는 것이지요.

2장

내가 먹는 음식에
어떤 문제가 있나요?

만드는 방식부터 문제라고?

원래 농업은 자신이 생산한 것을 자신이 소비하는 자급자족의 성격이 강했어요. 농부는 자신이 키운 작물을 키우고 그것을 먹으며 생활했어요. 남은 작물은 내다 팔기도 했지만 그리 멀지 않은 곳에서 소비되었죠. 하지만 돈을 가진 자본가가 이익을 얻기 위해 제품을 생산하고 파는 경제 구조인 자본주의가 전 세계로 퍼지면서 농업을 통해서도 돈을 벌려는 사람들이 나타났어요. 농업에서도 효율성을 강조하고, 중요하게 여기게 되었다는 뜻이에요. 어떻게 하면 적은 비용을 들여 더 많이 생산해 낼 수 있는지가 중요해진 것이지요. 이익이 중요한 가치가 되면서 산업형 농업이라는 새로운 방식의 농업이 자리를 잡게 되었어요.

농업은 기본적으로 자연에서 생산하기 때문에 일반적인 산업과 다르게 생각하고 다루어야 합니다. 그런데 산업형 농업은 효율성을 위해 서로 다른 성격의 산업과 농업을 하나로 묶어서 같은 방식으로 다룬 거예요. 그렇다면 산업형 농업에는 어떤 특징이 있을까요?

첫째, 공장에서 상품을 만드는 것과 농업에서 식품을 만드는 것을 같다고 여기고, 농업 생산에서도 공장에서 상품을 만들어 낼 때처럼 효율성을 매우 중요하게 여겨요. 효율성이란 최대한 적은 비용으로 최대한 많은 생산을 하는 것이지요. 그런데 농업에서는 자연환경의 문제나 농작물이 자라는 속도가 이런 효율성에 걸림돌로 작용하죠. 산업형 농업에서는 그런 자연의 한계를 비료나 화학제품 같은 걸로 해결하려 해요.

둘째, 한 농경지에서 한 가지의 농작물만 심으려 해요. 그걸 단일경작이라고 합니다. 시장에서 많이 팔리려면 농산물의 가격이 싸야겠죠? 여러 종류의 작물을 재배하는 것보다 한 가지 작물을 많이 생산하면 제품 하나당 생산 비용이 낮아지기 때문에 단일경작이 유리해요. 우리나라의 경우 벼, 외국의 경우 밀과 옥수수, 콩 등이 대표적인 단일경작 작물이에요.

셋째, 기계나 약품에 비용을 많이 들이는 형태를 띠어요. 같은 넓이의 땅에서 최대한 많은 생산물을 재배하려면 비료나 농약 등을 많이 쓸 수밖에 없겠지요. 또 일을 하는 사람에게 들어가는 비용은 줄이면서 큰 규모로 농사를 짓기 위해, 잡초를 없애는 제초제 같은 약품을 많이 사용하고, 농기계도 많이 사용해요. 씨를 뿌리는 일부터 농산물을 거두어들이는 일까지 여러 가지 기능을 가진 농기계를 사용할 수밖에 없게 되는 거죠.

넷째, 속도를 중요하게 여겨요. 더 빨리 생산하면 경쟁에서 유리하기 때문이죠. 예컨대 닭을 파는 사람은 더 빨리 시장에 내다 팔수록 더 많은 이익을 얻을 수 있어요. 내가 키우는 닭이 다른 생산자의 닭보다 더 빨리 자라면 당연히 더 많은 돈을 벌 수 있겠지요. 농작물도 마찬가지예요. 다른 농작물보다 더 빨리 거두어들인다든지, 1년에 여러 번 거두어들일 수 있는 농작물이 돈을 벌기에 더 유리하죠.

다섯째, 한 지역에서 팔리는 상품이 아니라 전 세계에서 팔리는 농작물을 재배하려 하게 되죠. 생산량이 많다 보니 지역의 소비자만으로는 생산된 농산물을 다 팔 수 없어요. 그래서 더 많은 고객, 전 세계를 대상으로 농작물을 생산하게 되지요. 따라서 산업형 농업은 국가 사이에 농산물의 자유로운 거래와 유통을 중요하게 생각해요. 경제적 이익만 얻을 수 있다면, 거리에 관계없이 어떤 시장에든 생산품

을 팔게 되는 것이지요.

산업형 농업이 늘어나 짧은 기간에 먹을거리를 효율적으로 생산하는 구조를 마련했다는 점에서 좋게 생각할 수도 있지만 사실은 그렇지 않아요. 산업형 농업은 농업 자체를 크게 위협하고 있다는 점에서 문제가 있어요.

산업형 농업은 지역의 땅과 날씨, 씨앗을 중요하게 여기는 지역 농업을 파괴하고, 지역의 식량 공급을 위협하고 있어요. 지역 농업이 사라지고, 지역의 특성에 관계없이 시장에서 팔리는 작물이 그 자리를 차지했어요. 예컨대 예전에 마늘은 남해와 의성, 양파는 창녕 등에서 주로 생산되었지만, 마늘을 파는 농민들이 돈을 많이 벌게 되자 전국 곳곳에서 마늘과 양파를 재배하게 되었어요.

효율성을 위해 받아들인 대규모의 단일경작은 생물 다양성*을 해치고 있어요. 슬로푸드생물다양성재단의 통계에 의하면 매년 27,000가지의 생물 종이 사라지고 있다고 해요. 매일 75종이 사라지는 셈이지요.

예를 들어 원래 사과의 종류는 수천 종이나 있지만 오늘날 시장에서 팔리는 사과는 3~4종밖에 없어요. 크고 맛

★ 생물 다양성 유전자, 생물 종, 생태계의 세 단계 다양성을 종합한 개념으로, 지구상에는 수백만 종 이상의 다양한 생물 종이 있다는 뜻이다. 지구상에는 1,300만~1,400만 종 이상의 다양한 생물 종이 있지만 인간에게 알려진 것은 13퍼센트에 불과하다.

이 좋아 상품으로 만드는 데 좋은 조건을 가진 사과만 재배하기 때문이에요. 다양한 종류의 사과가 굳이 필요하냐고 물을 수도 있겠지요. 다양한 품종이 몇 가지 품종으로 줄어들고 그러한 품종이 대규모로 재배될 때, 질병이 돌아 해당 품종에 문제가 생기면 사람에게까지 심각한 피해를 일으켜요. 그 예로 아일랜드 감자 역병 사건을 들 수 있죠. 아일랜드에서는 한 가지 품종의 감자를 대규모로 심었어요. 그런데 1845~1846년에 박테리아 감염으로 감자가 썩는 역병이 퍼져 큰 흉년이 들었어요. 그 결과 백만 명이 사망했고 수백만 명이 식량을 찾아 미국으로 옮겨 가게 되면서, 인구의 4분의 3이 줄어들었어요.

또한 최근에 한 가지 품종만 재배해 문제가 된 대표적인 예가 바나나입니다. 전 세계 400여 종 바나나 가운데 우리가 먹는 유일한 품종이 캐번디시 종이에요. 1870년대 자메이카 바나나를 수입한 미국인들은 바나나 맛에 빠져들었죠. 더 싸고 더 많은 바나나를 수입하기 위해 미국 유통업자들은 중앙아메리카의 가난한 나라의 땅에 단 한 종의 바나나를 엄청나게 많이 재배하게 하죠. 그런데 바나나에 매우 위험한 파나마 병이 퍼지면서 제2차 세계대전까지 단일 품종으로 생산되던 그로미셀 바나나는 멸종되고 말아요.

그 이후 파나마 병에 강한 캐번디시 종이 다시 바나나의 단일 품종으로 선택되었고, 현재 전 세계에 유통되는 바나나의 95퍼센트가 바로 캐번디시 종이에요. 그런데 최근에 그로미셸 종을 멸종시킨 파나마 병의 변종 질병이 캐번디시 종에 퍼지고 있어요. 어쩌면 바나나가 멸종될 수도 있는 위기에 처한 거지요. 이것은 단일 품종 재배가 가진 문제점을 보여 주는 아주 분명한 예입니다.

생물 다양성은 인류가 살아남는 것과도 관계가 있는 아주 중요한 문제예요. 생태계는 아주 복잡한 상호작용으로 움직여요. 다양한 종들은 모두 서로 도움을 주고받기 때문에 그 균형이 깨지면 생태계의 어떤 구성원에게도 좋을 게 없어요. 생태계의 구성원인 인간도 당연히 피해를 입을 테지요. 특히 식량으로 사용되는 종의 수가 몇 가지밖에 없다면 식량 공급 시스템에도 큰 문제가 생겨요. 질병이나 해충, 날씨의 변화로 같은 종이 한꺼번에 피해를 입는다면 식량을 공급하는 일이 매우 어려워질 수도 있기 때문이에요.

산업형 농업의 생산 방식 역시 생태계에는 아주 좋지 않은 영향을 끼쳐요. 비료와 농약을 아주 많이 사용하는 산업형 농업 방식은 땅을 산성화하고, 물을 오염시키죠. 산성화된 땅이나 오염된 물로는 결코 제대로 된 먹을거리를 생산할 수 없어요. 지금 이 순간만을 위한 선택이 땅을 황폐하게 만들어 어떤 것도 생산하지 못하게 할 수도 있는 거지요.

환경 운동의 어머니로 평가받는 레이첼 카슨*은 1962년 『침묵의 봄』이라는 책에서 살충제와 살균제를 마구 사용해 일어나는 환경오염을 경고했어요. 오늘날 산업형 농업은 레이첼 카슨의 경고에도 불구하고 훨씬 성장했지요.

> ★ 레이첼 카슨 해양생물학자이자 작가인 레이첼 카슨은 자연에 대한 여러 가지 책을 출판했다. 『침묵의 봄』을 통해 DDT 같은 살충제를 함부로 쓰는 것이 자연과 인간에게 심각한 위험이 된다는 사실을 알림으로써 대중에게 큰 반응을 이끌어 냈다.

산업형 농업은 지구가 생산해 낼 수 있는 것보다 훨씬 많은 양의 농작물을 생산하도록 다양한 방법을 사용하고 있어요. 자연은 원래 스스로 회복할 수 있는 능력을 지니고 있지만 오늘날은 지구가 식품을 생산해 내는 속도가 너무 빨라 지구 스스로의 힘으로는 못쓰게 된 토지를 회복할 수 없는 지경에 이르렀어요.

산업형 농업으로 더 이상 농산물을 생산할 수 없는 메마른 땅, 오염된 물은 결국 농민들을 땅에서 몰아내고 있어요. 망가져 버린 땅에서 더 이상 살 수 없어 농사를 그만두는 사람들이 도시로 몰려들면서 도시문제*는 더 심각해지고 있지요.

> ★ 도시문제 도시 인구가 매우 빨리 늘어나서 주택, 토지, 교통, 실업, 범죄 문제의 원인이 되는 현상을 가리킨다.

미국의 마이클 J. 폭스 박사는 1986년 산업형 농업이 일으키는 계속되는 위협을 『애그리사이드(Agricide)』라는 책을 통해 고발했어요. '농업'이라는 말을 줄인 애그리(agri-)에 '죽이다'라는 뜻의 접미사 '사이드(cide)'가 결합된 애그리사이드는 우리말로 옮기면 농업을 죽인다는 뜻의 살농업이 됩니다. 이러한 경고에도 불구하고 농업을 죽이는 산업형 농업은 계속 성장하고 있어요. 농업이 사라지면 먹을거리가 없어지는데도 사람들은 이런 문제에 대해 잘 알지 못합니다. 알고 있다고 해도 내 문제가 아니라고 생각하지요.

산업형 농업의 가장 큰 피해자는 농민이에요. 과거에 농민들은 지역 농업을 이끌어 가며 그 지역의 영농 문화를 지켜 왔어요. 아버지를 이어서 자식이 같은 땅을 일구는 가족농의 형태로 전통을 따르고 자연의 도움을 받으면서 농사를 지어 왔지요. 하지만 산업형 농업이 자리하면서 이러한 가족농의 형태로는 살아남는 게 어려워졌어요. 소규모 농민들은 대규모로 농사를 지어 훨씬 싸게 파는 기업농과 경쟁해서 도저히 살아남지 못하는 것이지요. 결국 돈을 잘 벌지 못하는 소규모 농민들은 농업을 그만두고 있어요.

들으면 들을수록 산업형 농업이 좋을 게 하나도 없어 보이는데 왜 산업형 농업은 계속 확산되는 걸까요? 바로 산업형 농업으로 이익을 얻는 사람들이 있기 때문이에요. 산업형 농업을 이끌어 가는 농기업, 종자 회사, 곡물 메이저★, 식품 회사부터 병원이나 제약 회사 등이 그 이익을 얻고 있어요.

★ 곡물 메이저 전 세계의 곡물 생산지와 수요가 있는 지점을 통해 전 세계에 곡물을 수출입하는 다국적 기업을 일컫는 말이다.

농기업은 농업에 필요한 비료나 농약 같은 재료나 농기계 등을 팔아 이득을 얻고 있어요. 종자 회사는 산업형 농업에 맞게 유전자의 성질을 바꾼 씨앗을 팔아 이득을 누리지요. 곡물 메이저나 식품 회사 등은 산업형 농업으로 생산된 먹을거리를 제품으로 만들고 유통하고 팔아서 엄청난 이득을 누리고 있어요. 농작물이 생산되어 우리 식탁에 오르기까지 여러 복잡한 과정을 거치지만 이들 각자의 목적은 결국 경제적 이익을 얻는 것이지요. 하지만 그 과정에서 식품 안전에는 문제가 생기는 거예요. 어떤 과정에서 더 많이 팔기 위해 우리 몸에 좋지 않은 것을 넣어도 마지막 소비자는 그 사실을 잘 알 수 없죠. 사실 사람들이 건강에 위협이 되는 먹을거리를 먹는 바람에 병원이나 제약 회사까지 또 다른 이득을 누리고 있지요.

하지만 산업형 농업으로 이득을 본 회사들도 농업 자체가 무너져 농업을 더 이상 할 수 없게 되면 역시 피해자가 될 수 있어요. 그러니 농업이 계속 이어지게 하는 일이 아주 급하고 중요한 일이에요. 그것이 21세기 농업의 중요한 과제입니다. 우선은 농업에 관심을 가지고 가족농이 그들의 자리에서 계속 식량을 꾸준히 생산하고 공급할 수 있도록 환경을 만들어야 하겠지요. 그러려면 무엇보다 소비자의 역할이 중요해요. 농민들이 살아갈 방법, 농업이 처한 위기를 자기 문제로 생각하고 보다 많은 관심을 기울여야 해요.

멀리에서 온 음식이 왜 문제가 될까?

여러분은 오늘 무엇을 먹었나요? 오늘날 우리나라에서 직접 생산해 우리나라에 식량을 공급하는 비율이 23퍼센트밖에 되지 않아요. 그 말은 여러분이 먹은 음식의 상당 부분은 우리나라에서 생산되지 않았다는 것이지요. 밥상을 한번 살펴보세요. 호주에서 온 소고기, 멕시코에서 온 돼지고기, 브라질에서 온 닭, 칠레에서 온 포도, 노르웨이에서 온 고등어 등으로 차려져 있어요. 이처럼 외국에서 생산되어 전 세계에서 팔리는 먹을거리를 글로벌 푸드라고 해요. 다른 말로는 수입된 먹을거리예요. 차차 다루겠지만 글

로벌 푸드의 반대말은 로컬 푸드로, 로컬 푸드는 자기가 사는 지역에서 생산된 음식을 뜻하지요.

글로벌 푸드가 우리 밥상에 오기까지의 과정을 글로벌 푸드 시스템이라고 해요. 글로벌 푸드 시스템은 이전의 전통적 식품 생산 과정이 무너지면서 생겨났어요. 곡물 메이저, 농기업, 식품 산업, GMO* 산업 등이 글로벌 푸드 시스템을 이끌어 가죠. 글로벌 푸드 시스템에서는 먹을거리를 생산하고, 그것을 제품으로 만들어 공급하고 파는 과정이 세계 수준에서 이루어지고 있죠. 글로벌 푸드는 글로벌 푸드 시스템이 만들어 낸 음식이라 할 수 있어요.

> ✱ GMO(Genetically Modified Organism) 생산량을 늘리고 공급하고 제품으로 쉽게 만들기 위해 유전공학 기술을 이용해서, 자연적인 재배 방법으로는 나타날 수 없는 성질이나 유전자를 지니도록 개발된 농산물을 가리킨다.

글로벌 푸드는 세계시장을 겨냥해서 생산되고, 세계시장에서 팔립니다. 세계시장에서 경쟁하기 위해서는 생산 비용을 낮춰야 한다고 앞에서 설명했죠? 그러니 글로벌 푸드와 산업형 농업은 떼려야 뗄 수 없는 관계예요. 글로벌 푸드를 공급하는 유통업자나 식품 회사들은 세계시장에서 많이 팔기 위해 값싼 식량을 원하고, 생산자들은 이러한 요구에 맞춰서 먹을거리를 생산하죠. 싼값에 농산물을 생산하려니 인간에게 좋지 않은 것도 마구 집어

넣고, 그냥 빨리 생산하는 데만 신경을 쓰죠. 그 결과 먹을거리의 안전이 크게 위협받게 되는 거예요.

곡물 생산자들은 생산 효율을 높이기 위해 비료를 많이 사용해요. 비료를 사용하면 농작물을 더 빨리 자라게 하고, 더 많은 농작물을 거두어들일 수 있지만, 농작물이 병충해에 약해지는 부작용도 낳게 되죠. 그러면 병충해를 막고 잡초를 없애기 위해 더 많은 농약을 사용하게 됩니다. 당연히 거두어들인 농작물에 농약이 남아 있을 가능성이 높아지죠.

축산물도 안전하지 않긴 마찬가지예요. 글로벌 푸드 축산물은 공장에서 제품을 만들듯이 키워지죠. 공장식 축산은 좁은 공간에서 아주 많은 가축을 키우는 사육 방식을 가리켜요. 닭의 경우는 A4 한 장 크기도 되지 않는 우리에 갇혀 옴짝달싹하지도 못한 채 사료를 먹으면서 몸집을 키우거나 달걀을 낳지요.

'동물의 복지'라는 더 수준 높은 차원의 도덕적인 문제까지 생각하지 않더라도 이렇게 가축을 키우면 당장 우리 몸에도 좋지 않아요. 닭은 보통 모래목욕을 하면서 자기 몸에 붙은 진드기를 떼어 내죠. 그런데 날개도 푸덕거리기 힘든 좁은 우리에 갇혀 살기 때문에 이 진드기를 잡기 위해선 강제로 살충제를 뿌려야 하죠. 이렇게 좁은 공간은 병에 걸리기도 쉬운 구조인데다, 병에라도 걸리면 그 질병이 번지는 속도도 무척 빠르죠. 그러니 질병을 미리 막기 위해서는 많은 양의 약품을 쓸 수밖에 없어요. 또 빨리 성장해야 빨리 내다 팔 수 있기 때문에 성장 호르몬 같은 것도 많이 쓰지요. 많은 양의 가축을 먹이기 위해 값싼 사료를 쓰는데 비교적 가격이 싼 GMO 사료* 등을 사용하죠. 심지어 식물을 먹이로 먹는 초식동물에게 육류로 된 동물성 사료를 먹이기도 하는데, 이것은 광우병이 생기는 원인이 되기도 했지요. 최근 우리나라에서도 구제역이나 조류독감 등이 자주 문제가 되고 있는데, 이러한 질병 역시 공장식 축산과 관련이 있어요.

* GMO 사료 더 빠른 성장을 위해 유전 기술을 사용한 재배 방법으로 만든 사료. 미국의 사료용 옥수수 90퍼센트가 GMO 사료이다.

수산물도 마찬가지예요. 예컨대 연어에게 돼지고기로 만든 사료를 먹이기도 하고, 생선 색깔을 붉게 보이기 위해 인공 색소를 넣기도 하지요. 수산물을 키우는 데에도 많은 양의 약품을 사용해요.

글로벌 푸드의 또 다른 특징은 먹을거리의 생산지와 소비지가 멀리 떨어져 있다는 점이에요. 생산지와 소비지가 먼 먹을거리를 푸드 마일리지가 크다고 표현하죠. 생산한 곳

과 소비하는 곳의 거리가 멀기 때문에 비행기, 배, 기차, 트럭 등으로 이동되지요. 오늘날 국가 간에 먹을거리를 사고 파는 일은 아주 자연스러운 일이기 때문에 굉장히 먼 거리를 운반하는 것은 당연한 일이 되었죠. 먼 거리를 운반하는 것이 가능해져 내가 사는 지역이나 나라에서 생산되지 않는 다양한 먹을거리를 먹어 볼 수 있으니 좋게 생각할 수도 있어요. 하지만 먹을거리를 멀리 이동시키면 여러 가지 문제가 생길 수 있어요.

우선, 먹을거리를 운반해 가는 운송수단이 일으키는 환경 파괴를 들 수 있어요. 비행기나 배 등은 모두 석유 에너지를 사용하죠. 이로 인해 지구온난화 현상이 더 빨라질 수 있어요. 특히 꽃이나 과일, 채소처럼 대부분이 물로 이루어져 있고 칼로리는 낮지만 비싸고 썩기 쉬운 상품들을 운반하는 일이 늘어나면서 기후에 큰 문제를 일으키고 있다는 이야기가 있어요.

미국 콜롬비아 대학의 영양학자 조앤 구소는 식품의 항공 수송을 두고 이렇게 말했어요. "차가운 물(채소, 꽃)을 엄청나게 많은 석유로 태우는 과정이다." 스톡홀름 대학의 야니카 칼슨-켄야마 교수 역시 "수입 식품으로 만든 음식을 요리하려면 국내에서 생산된 식품 재료를 사용한 음식보다

네 배나 더 많은 에너지가 필요하고, 네 배 더 많은 온실가스*를 만들어 낸다"고 지적했지요.

★ 온실가스 지구 대기를 오염시켜 지구의 온도를 올라가게 만드는 온실 효과를 일으키는 가스를 가리키는 말. 이산화탄소, 메탄이 온실가스에 해당한다.

하지만 먼 거리를 운반하는 것의 가장 큰 문제는 먹을거리가 위험에 빠진다는 거예요. 먹을거리를 멀리 이동시킬 때 가장 큰 걱정은 상하지 않을까 하는 점일 거예요. 아무리 예전에 비해 이동 속도가 빨라졌고, 보관하는 방법이 좋아졌다고 해도 상하는 문제를 완전히 해결할 수는 없습니다. 그러다 보니 먹을거리에 많은 양의 살충제와 방부제를 뿌리거나 심한 경우 방사선까지 쪼인다는군요.

그 밖에도 먼 곳에서 생산된 먹을거리는 어떤 방식으로 생산되었는지 알기 어렵다는 문제도 있어요. 갓 생산된 먹을거리에 비해 맛이 떨어지는 것은 당연할 테고요.

또, 다른 나라에 지진, 흉년, 전쟁 같은 문제가 생겨 먹을거리를 멀리서 운반해 오는 일이 힘들어지면 어떤 일이 벌어질까요? 다른 나라에서 식량을 수입해서 먹는 나라라면 식량이 부족해지겠지요. 그러면 가격도 크게 오를 테고요.

이런 문제의 해결책은 지역에서 생산된 농산물을 그 지역에서 소비하는 것입니다. 소비자들이 지역 농산물에 관심을 가져야만 우리 식탁이 건강해질 수 있겠죠?

입에는 달지만 몸에는 쓴 패스트푸드

햄버거, 피자, 라면, 치킨, 도넛, 라면……. 어린이들과 십대 청소년들은 이런 패스트푸드를 좋아하죠? 실제로 우리 식사에서 이런 가공식품의 비중이 점점 높아지고 있어요. 비교적 가격이 싸고, 준비하기도 쉽고, 먹기 쉽고, 맛도 있으니까요. 그런데 부모님들은 여러분이 이런 음식을 먹는 것을 반기지 않지요. 왜 그런 걸까요? 패스트푸드가 여러분의 건강에 해롭다고 생각하기 때문이에요. 패스트푸드의 문제가 무엇인지, 우리 건강을 어떻게 망치고 있는지 지금부터 알아볼까요?

패스트푸드의 가격이 비교적 싸다고 했지요? 싸게 팔려면 당연히 싼 음식 재료를 사용할 수밖에 없을 거예요. 그러자면 산업형 농업과 글로벌 푸드 시스템에서 이야기했던 문제가 똑같이 생겨요. 사람의 노동에 들어가는 비용은 줄이고 생산량은 높이기 위해 농약을 많이 쓰고, 보관 기간을 늘리기 위해 방부제도 많이 사용하지요.

이렇게 싼 재료로 만든 패스트푸드가 맛있게 느껴지는 이유도 문제예요. 패스트푸드에는 고소한 맛을 내고 높은 열량을 내는 포화지방이나 트랜스지방이 많이 쓰여요. 이런 것들은 열량이 높아 살은 쉽게 찌지만, 좋은 영양분은 별로 없어서 몸에는 좋지 않아요. 비만, 뇌졸중, 동맥경화증, 암, 당뇨 같은 아주 위험한 병을 일으킬 수도 있어요. 실제로 다큐멘터리 감독인 모건 스퍼록은 2003년 2월 한 달 동안 맥도날드 햄버거만 먹으면서 몸에 일어나는 변화를 다큐멘터리로 찍었어요. 그 다큐멘터리 영화가 바로 〈슈퍼 사이즈 미〉예요. 84.1킬로그램이었던 그의 몸무게는 한 달 후 11.1킬로그램이 늘었고, 우울증을 비롯해 여러 가지 질병을 앓았어요.

뿐만 아니라 패스트푸드에는 설탕이나 각종 인공 첨가물이 많이 들어가요. 빵이나 청량음료에는 생각보다 훨씬 많은 양의 설탕이 들어 있어요. 설탕은 칼로리는 높지만 영양 성분이 적어서 많이 섭취할 경우, 비만과 같은 문제를 일으켜요.

게다가 패스트푸드에는 맛과 모양, 색깔이나 식감을 좋게 하기 위해 인공 첨가물이 많이 쓰이는데 각종 첨가물은 일반적으로 주의력결핍 과잉행동장애, 자폐증 등을 일으킨다고 알려져 있어요. 하지만 그보다 더 큰 문제는 이러한 첨가물들이 우리 몸에서 섞일 때 어떤 반응을 일으키는지 알 수 없다는 점이에요. 그런 연구는 아직 충분히 이뤄지지 않았기 때문이에요. 예를 들어 A라는 첨가물은 소량을 섭취하면 몸에 아무런 영향을 끼치지 않을지 몰라도 B라는 첨가물을 만났을 때, 혹은 A가 몸에 쌓였을 때 우리 몸에 일으키는 작용에 대해서는 알려져 있지 않기 때문에 문제가 되는 것이지요.

패스트푸드는 음식 자체뿐만 아니라 먹는 방법에도 문제가 있어요. 패스트푸드(fast food)의 뜻은 빨리 먹을 수 있는 음식이라는 뜻으로, 다른 음식보다 먹는 시간이 짧고, 대체로 다른 일을 하면서 '한 끼 때운다'는 생각으로 먹는 경우가 많아요. 아무래도 혼자 먹을 때 패스트푸드를 선택하는데 음식을 빨리 급하게 먹게 되면 소화기관에 무리를 일으킬 수 있죠.

패스트푸드는 특히 아이들이 더 좋아하죠. 그것은 식품 회사들이 아이들의 입맛에 맞게 식품을 개발해 공급하고 있기 때문이에요. 아이들이 좋아하는 단맛, 고소한 맛, 짭짜름한 맛 등 강한 맛을 내는 식품을 만들지요. 아이들이 이 맛에 길들여지면, 엄마의 음식보다 이런 음식을 더 좋

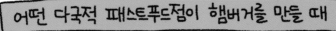

아하게 되죠.

　세계보건기구 자료에 의하면 아이들은 같은 몸무게당 어른보다 2배에서 6배 정도 더 많은 공기를 마시고, 물을 더 많이 마시며, 더 많은 음식을 먹는 것으로 나타났습니다. 하지만 아이들은 어른들에 비해 나쁜 성분을 내보내는 해독 능력이 떨어져 좋지 않은 식품으로 인한 피해가 어른보다 더 클 수밖에 없어요.

　우리나라 연구는 패스트푸드를 많이 먹는 아동이 그렇지 않은 아동보다 주의력결핍 과잉행동장애를 낳을 가능성이 크다는 것을 밝히고 있고, 그 밖에도 패스트푸드의 나쁜 영향에 대한 연구가 많이 나왔어요.

　패스트푸드가 아동에 미치는 영향은 패스트푸드를 먹지 않게 했을 때 나타나는 결과를 통해서도 알 수 있어요. 캐나다의 초등학교에서 아이들에게 피자나 햄버거 같은 패스트푸드를 먹지 않게 했더니 아이들이 침착해지고, 지나친 활동성과 집중력 부족 같은 문제가 좋아졌고, 학습 능력도 높아지는 것으로 나타났다고 해요. 영국 사우샘프턴 대학의 존 워너 교수 팀은 학교에 들어가기 전 나이의 아동 300명에게 패스트푸드에 많이 들어가는 합성 착색료를 없앤 음식을 2주 동안 먹게 했는데 아이들의 집중력이 좋아지고, 산만한 행동이 크게 줄어들었다고 해요. 미국의 브라운 박사는 식품첨가물이 없는 음식으로 문제 아이들의 식생활을 지도하자 아이들이 차분해지고, 집중력이 더 높아지는 것을 발견했어요. 미국 뉴욕에서는 800여 개 학교에서 4년 동안 학생들이 먹는 음식에 식품첨가물을 줄였더니 평균 성적이 10퍼센트 올라갔어요.

패스트푸드는 환경에도 나쁜 작용을 일으키죠. 대표적인 패스트푸드인 햄버거의 주재료인 소고기를 공급하기 위해 아마존 지역의 밀림이 파괴되고 있어요. 소를 키우기 위해서는 넓은 땅이 필요하고, 소를 먹일 곡물을 키울 땅도 많이 필요하죠. 이 땅을 위해서 아마존의 밀림을 밀고 그 땅에서 소를 키우고, 소가 먹을 콩이나 옥수수 등의 곡물을 키우는 것이죠. 아마존을 지구의 허파라고 부르는 이유가 있어요. 아마존에는 지구에 존재하는 생물 종의 5분의 1 이상이 살고 있고, 지구 산소량의 25퍼센트 이상이 아마존에서 만들어져요. 이런 아마존의 밀림을 파괴하면 지구온난화가 심각해지겠죠.

잠깐 입안에서 즐거울 뿐인 패스트푸드는 이처럼 몸과 환경에는 좋지 않은 음식이에요. 전혀 먹지 않을 수 없다면 조금씩이라도 줄이면서 입맛을 바꿔 보는 것은 어떨까요?

내 몸의 건강과 지구의 환경을 위해서 말이에요.

싼 음식이 마냥 반갑지만은 않은 이유

현대 음식을 구성하고 있는 글로벌 푸드, 패스트푸드, 가공식품은 모두 싸다는 특징이 있어요. 패스트푸드, 가공식품이 싼 이유는 가격이 싼 글로벌 푸드를 재료로 쓰기 때문이죠. 글로벌 푸드는 농기계를 사용해 일하는 사람을 줄이고, 농약과 화학비료를 사용해 많은 양의 농작물을 생산해요. 패스트푸드 역시 싼 음식을 제공하기 위해 싼 재료의 글로벌 푸드, 인공 첨가물 등을 사용해요. 패스트푸드 상점에서는 일하는 사람에게 들어가는 비용을 줄이기 위해 조리 과정을 자동화하죠. 그러면 정식 조리사가 아닌 싼값에 고용할 수 있는 아르바이트생도 음식을 조리할 수 있거든요. 가공식품도 마찬가지로 싼 음식 재료로 식품을 만들고, 조리 과정을 자동화하고, 한꺼번에 많이 생산함으로써 가격을 낮춰요.

가격이 싸다는 것은 엄청난 장점이에요. 소비자들에게 무척 매력적이지요. 가난한 사람들도 쉽게 식사를 해결할 수 있고, 가난하지 않은 사람들도 음식을 사는 데 드는 돈을 아껴 다른 곳에 쓸 수 있기 때문이죠.

하지만 싼 식품은 여러 가지 문제를 일으켜요. 싼 음식이 건강에 이롭지 못한 경우가 많이 있고, 지금은 싸게 살 수 있어도 나중에 지불해야 할 비용이 숨어 있는 경우도 있어요.

싼 먹을거리를 만들기 위해 엄청나게 많은 농약을 사용하고, 공장식 축산으로 생태계가 파괴되고, 한 가지 품종만 재배함으로써 생물 다양성이 줄어들고, 동물 복지를 해치고, 생산 노동자들의 인권을 해치고, 농민 몫의 소득이 줄어들어 소규모 가족농이 망하게 되는 결과를 낳게 되죠. 이러한 어두운 면은 우리 사회가 감당해야 하는 비용이에요. 당장 음식을 사는 계산대에서 이 비용을 치르지는 않지만 다른 방식으로 지불하고 있어요. 그래서 싼 식품이 결코 싸지 않다는 말이죠.

게다가 싸게 산 음식은 많은 양의 음식물 쓰레기를 만들어 내요. 소비자들은 싸다면 당장 필요하지 않은 식품도 사게 되죠. 마트에서 원 플러스 원 행사를 다들 보았죠? 이렇게 산 필요치 않은 식품은 쉽게 버릴 수 있어요. 어차피 덤으로 얻어 온 것이라 아깝다는 생각도 들지 않으니까요.

글로벌 푸드 시스템 때문에 싼 식품이 널리 퍼지면 지역

농업이 무너지게 되죠. 싼 식품은 싸게 농작물을 팔 수 없는 지역 농업을 빠른 속도로 무너뜨립니다. 지역 농업이 무너지면 지역 음식도 설자리를 잃고, 그 지역의 문화와도 같은 음식의 다양성과 특징도 잃게 되는 거예요.

마지막으로, 외부에서 싸게 식량을 구할 수 있다면 국가에서 농업에 투자할 필요가 없겠지요. 하지만 국가에서 자기 나라의 식량 문제를 스스로 해결할 수 없다면 비상시에 큰 문제가 됩니다.

어떤 것을 싸게 살 수 있다면 이득이라고 생각하지만, 음식의 경우에는 무조건 싸기만 한 것이 좋지는 않습니다. 우리의 건강이나 환경, 나아가 국가의 정책과도 깊은 관계가 있기 때문에 음식은 일반 제품과 다르게 공공재처럼 여겨야 합니다. 그렇다고 무조건 비싸게 사라는 것이 아니에요. 그 음식의 가치에 대해 고민해 보자는 이야기이지요. 이 음식이 내 입에 들어가기까지 어떤 과정을 거쳐서 오는 것인가를 생각하면서 음식의 적절한 가격에 대해서 생각해 보는 습관을 들여 보세요.

맥도날드는 1955년 4월 15일 미국 일리노이 주 드 플레인에서 첫 번째 프랜차이즈 매장을 시작해, 현재는 전 세계 31,000여 개에 이르는 매장에서 음식을 팔고 있어요. 보통 햄버거 같은 패스트푸드만을 파는 음식점이라고 생각하지만, 사실 맥도날드는 그 이상의 문화적 가치를 가져요. 맥도날드는 건물 임대 사업자이고, 장난감 공급자이며, 미국식 대중문화의 상징처럼 여겨지죠.

프랜차이즈 업계의 성공 모델인 맥도날드가 성공한 원인으로 세 가지를 꼽을 수 있어요. 우선 맥도날드의 독특한 경영 방식을 들 수 있어요. 맥도날드 형제에게서 패스트푸드점을 사들인 크록은 당시의 프랜차이즈 운영 방식과는 다른 방식으로 매장을 늘려 갔어요. 크록은 가맹점을 통제하는 본사의 영향력을 최대로 높이고, 조직에 통일성을 유지했어요. 또 가맹점에게 적은 가입비와 벌어들인 수익의 일정 부분을 내도록 함으로써 본사와 가맹점이 이익을 위해 서로 노력할 수 있도록 했죠. 또 가맹점이 놀라운 아이디어를 내도록 권했어요. 또한 점포의 통일성, 표준화된 메뉴, 같은 재료, 같은 가격, 같은 품질을 강조함으로써 경쟁 업체와 차별화했죠.

둘째, 사회적 원인입니다. 맥도날드에서 제공하는 패스트푸드는 미국 사회와 전 세계에서 일어난 사회 변화와 잘 맞아떨어졌죠. 일하는 여성이 늘어나면서 외식이 늘어나게 되었어요. 부부가 맞벌이를 하고, 이혼으로 홀로 아이를 키우는 부모가 늘어나면서 패스트푸드의 속도와 효율성이 잘 맞아떨어진 거예요. 게다가 점점 많은 사람들이 자동차를 이용하게 되면서 자동차를 타고 편하게 패스트푸드점에 갈 수 있게 되었죠.

셋째, 텔레비전과 대중매체의 영향력은 맥도날드가 인기를 얻는 데 유리한 조건을 만들었어요. 학교에 다니는 나이의 아동에 대한 조사에 따르면, 96퍼센트의 응답자가 맥도날드의 캐릭터인 로널드 맥도날드를 안다고 답했어요. 산타클로스 다음으로 높은 인지도이죠. 어린아이들에게 초점을 맞춘 광고 덕분에 이처럼 높은 인기를 얻게 된 거예요.

맥도날드는 각국에 진출하면서 그 나라에 맞는 전략을 택하고 있어요. 전 세계 점포에서 똑같은 기본 메뉴를 팔면서 여기에 지역 요리를 추가했죠. 일본의 치킨 타추타 샌드위치, 필리핀의 맥스파게티, 우리나라의 불고기버거 등이 이런 지역 메뉴이지요.

맥도날드의 이러한 노력에도 불구하고 맥도날드는 여러 형태의 반대에 부딪히고 있어요. 세계시장에서 제품을 파는 회사들을 반대하는 사람들은 맥도날드를 세계화의 상징으로 여겨 종종 맥도날드에 쳐들어가죠. 영

국의 런던 그린피스와 시민 단체들은 맥도날드 반대 운동을 이끌고 있어요. 이들은 맥도날드가 열대우림을 파괴하고, 건강에 문제가 있는 음식을 공급하고, 아이들에게 패스트푸드를 먹게 한다고 비판했어요. 또한 동물을 학대하며 종업원들은 저임금에 열악한 환경에서 일하게 한다며 비판했지요.

미국인 시저 바버는 맥도날드, 버거킹, 웬디스, KFC를 상대로 "영양정보 표시를 게을리해 소비자들을 중독 상태에 빠뜨렸다"며 뉴욕 브롱크스 주법원에 소송을 낸 적이 있죠. 또 유럽에서는 소비자단체의 압력에 굴복한 맥도날드가 제품에 유전자 조작 농산물을 사용하지 않는다는 선언을 하기도 했어요. 맥도날드가 세계 곳곳에서 일어나는 이러한 반대를 이겨내고 계속 점포 수를 늘리고, 그 영향력을 키워 나갈 수 있을까요?

3장

어떤 사람을
음식문맹이라 할까요?

나는 음식문맹자일까?

바쁜 아침에는 밥 대신 빵과 시리얼로 아침을 먹습니다. 점심식사는 보통 동료들과 함께 외식을 하는데, 오늘은 너무 바빠서 간단하게 컵라면으로 때우고 졸음을 쫓기 위해 스타○○ 커피를 한 잔 마셨습니다. 일 때문에 받는 스트레스로 매운 음식이 생각나 퇴근길에는 친구를 만나 매운 닭발집에서 가장 매운맛 단계의 닭발을 먹었습니다. 지난번보다 덜 매운 것 같아 다음에는 정말 맵다고 하는 매운 떡볶이를 먹으러 가야겠다고 생각했습니다. 집에 들어가는 길에 마트에 들러 원 플러스 원 묶음의 반조리 식품을 사서 집으로 들어갔습니다.

김미식 씨의 일과는 주변에서 쉽게 볼 수 있는 어른들의 모습이에요. 하지만 대표적인 음식문맹자의 모습이기도 하죠. 음식문맹이 무슨 말이냐고요? '문맹'이란 배우지 못해 글을 읽거나 쓸 줄 모르는 사람을 말하잖아요. 음식문

맹자는 음식에 대해 전혀 알지 못하는 사람이에요. 김미식 씨의 식생활에 어떤 문제가 있기에 음식문맹자라고 했을까요?

우선, 안전한 국내산 쌀로 만든 밥을 먹는 대신 수입 밀가루로 만든 빵이나 면을 즐기지요. 식사는 대충합니다. 끼니는 대충 라면으로 때우고, 커피는 브랜드 커피를 마시죠. 커피에 음식보다 더 많은 돈을 쓰죠. 음식이나 음식의 맛에 대해서는 생각하지 않아요. 자극적인 맛을 추구하죠. 맛을 느끼는 감각이 적은 자극에는 반응하지 않는다는 증거이죠. 또한 건강한 음식을 사는 데 들어가는 돈을 아까워하고 싸고 먹기 편한 인스턴트 식품을 더 좋아해요.

건강하지 않은 먹을거리를 먹는 이런 음식문맹자의 생활은 문제가 있는 먹을거리를 퍼뜨린다는 점에서 더 큰 문제이죠.

음식은 생명과 건강에 매우 큰 영향을 끼치고, 어떤 음식을 어떻게 먹느냐에 따라 환경, 생태, 경제 등에도 영향을 끼치기 때문에 우리의 삶에서 무척 중요한 부분이에요. 그럼에도 오늘날 많은 사람들이 음식에 대해 잘 알지 못하고, 알려고 하지도 않아요. 그래서 음식문맹자들이 점점 더 늘어나고 있죠. 음식문맹자들에게는 다음과 같은 특징이 있어요. 나와 내 주변의 사람들이 음식문맹자인지 아닌지 한번 확인해 보세요.

- □ 음식이나 음식 재료에 대해 잘 모른다.
- □ 음식 재료가 생산된 곳을 확인하지 않는다.
- □ 먹을 수 있는 것과 먹지 못하는 것을 구분하지 못한다.
- □ 음식이 중요하다고 생각하지 않는다.
- □ 음식을 만든 사람에 대해 감사하게 생각하지 않는다.
- □ 가족과 함께 식사하는 게 중요하다고 생각하지 않는다.
- □ 음식의 생산, 유통, 소비가 사회에 어떤 영향을 끼치는지 모른다.
- □ 음식을 다른 물건처럼 상품으로 여긴다.
- □ 음식이 건강에 끼치는 영향에 대해 생각하지 않는다.
- □ 식품을 선택할 때 광고의 영향을 많이 받는다.
- □ 식품을 살 때 성분을 확인하지 않는다.
- □ 음식을 만들어 먹기보다 만들어진 음식을 사 먹는 것을 더 좋아한다.
- □ 음식을 사는 돈이 아깝다.
- □ 식사를 대충하거나 빨리 한다.

왜 음식에 대해 잘 알지 못할까?

체크리스트에서 몇 가지나 해당되나요? 아마 많은 사람들
이 음식문맹자의 체크리스트에서 자유로울 순 없을 거예요.

실제로 다음의 표를 보면 우리나라 초등학생들은 영양에
대한 지식이 부족하다는 것을 알 수 있지요.

초등학생의 5대 영양소에 관한 영양 지식

문항	정답률
비타민 섭취를 위해 신선한 과일을 먹는 것이 좋다	94.7%
두부는 훌륭한 단백질이다	90.9%
우리 몸의 근육과 피를 만드는 것은 탄수화물이다	45.5%
콜라나 소다수에는 칼로리가 없다	43.0%
비타민D가 부족하면 밤에 잘 보이지 않는 야맹증에 걸린다	27.9%
칼슘이 부족하면 빈혈에 걸리기 쉽다	13.8%

출처: 「한국식생활문화학회지」, 유옥경 외, 2007, '전주 지역 초등학교 고학년 남녀 학생의 식습
관 및 식행동 영양지식에 관한 연구'

그렇다면 음식문맹자가 점점 더 늘어나는 이유는 뭘까요?

많은 사람들이 음식을 중요하게 여기지 않기 때문이에
요. 이것은 사회의 오랜 관습에서 비롯되었어요. 사람이 살
아가는 데 꼭 필요한 것을 '의식주'라고 표현하지요? 입고,
먹고, 거주하는 것이라는 뜻인데, 먹는 것보다 입는 것이

먼저 나오는 이유는 체면을 중요하게 여겼던 유교 문화의 영향을 받았기 때문이에요. 기원전 7세기 사상가인 관중*의 저서에 '의식족이지영욕(衣食足而知榮辱)'이란 말이 나와요. 입고 먹는 것이 충분해야 명예와 부끄러움을 안다는 뜻이에요. 여기서도 입는 것이 먹는 것보다

* 관중(管仲) 춘추전국 시대 제나라의 정치, 경제학자로 제나라를 부흥시켰으며, 중국 역사상 훌륭한 재상의 본보기로 제시되는 인물이다.

앞서 나옵니다. 말이 생각을 결정하기도 하잖아요? 그 때문인지 오늘날 대부분의 사람들이 옷을 음식보다 더욱 중요하게 생각하죠. 좋은 옷을 입는 것에 비해 좋은 음식을 먹는 것은 그다지 중요하다고 생각하지 않아요. 맛있고, 배가 부르면 그만이라 생각하는 사람이 많지요. 그러니 좋은 음식을 생산하고, 공급하고, 그것을 먹는 것이 사회에서 무척 중요한 일이라는 것을 알아채기 어려워요.

그래서인지 음식에 대해 감사하는 마음도 적어졌지요. 예전에 비해 오늘날은 먹을거리가 넘쳐나죠. 값싼 음식 재료가 많고, 어디서든 먹을거리를 살 수 있어요. 굶주려 본 사람은 먹는 것이 얼마나 중요한지 알 수 있을 테지만 실제로 굶주림을 경험하는 사람은 거의 없어요. 누가 어떤 노력을 기울여 만들었는지 알아야 음식에 대해 감사하게 여기게 되

는데 패스트푸드와 인스턴트 식품은 생산과 유통과정이 매우 복잡해서 그것을 만든 사람이나 만든 과정에 대해 알기 어렵지요. 그러니 감사하는 마음이 생길 수가 없을 거예요.

음식에 대한 감사가 없어지면, 자신들이 먹는 먹을거리를 생산하는 사람에 대해 감사한 마음을 갖지 못하죠. 먹을거리를 생산하는 땅이나 환경에 대해 중요하다는 생각을 하지 못할 테고, 음식을 만들어 제공하는 사람들에게도 감사한 마음으로 대하지 않습니다.

결국 음식에 대한 무관심이 제대로 된 음식의 생산과 공급에 좋지 않은 영향을 끼쳐요. 그래서 좋은 음식을 먹게 하기보다 나쁜 음식을 먹게 하는 거죠. 좋은 음식을 먹으려면, 먼저 음식에 대해 감사하는 마음이 필요해요.

혼자만의 노력으론 해결되지 않는 문제

하지만 음식문맹자가 늘어나는 것은 개인의 태도 때문만은 아니에요.

현대인들이 음식문맹자가 된 데에는 사회적인 문제가 무척 크게 작용해요. 가장 큰 문제는 식품 재료의 생산자와 소비자가 너무 멀리 떨어져 있다는 점이에요. 농촌에서 재료를 생산하고, 도시에서 소비하는 수준을 넘어서, 오늘날 식량 생산과 소비는 세계 수준에서 이루어지고 있어요. 생산자는 전 세계에서 팔리는 식량을 생산하고, 소비자는 어디에서 생산되는지도 모르는 식량을 사지요. 먹을거리를 운반하는 거리가 늘어나고, 또 마지막으로 소비자가 식품을 살 때까지의 유통 과정이 복잡해지면서 생산자와 소비자의 관계는 더욱 멀어지고 있어요. 예를 들어 내가 잘 먹는 빵이 어떤 나라 밀가루로 만들어졌고, 그 밀가루에 농약을 몇 번이나 뿌렸는지, 어떤 종류의 농약을 쓰는지 전혀 알 수가 없어요. 거기에 생산자와 소비자 사이에 복잡한 유통 과정까지 끼여 있으니 먹을거리가 우리 집 식탁에 오르기까지 어떤 과정을 거쳤는지는 정말 알 수가 없게 되는 것이죠.

『잡식동물의 딜레마』를 쓴 작가 마이클 폴란은 이 시대에는 먹을거리의 음식사슬 길이가 길어지면서 생산자와 소비자 사이에 벽이 생겼고, 이 벽이 서로에 대해 알기 어렵게 만든다고 말했어요. 먹을거리 생산자는 누가 자신들이 생산하는 먹을거리를 먹는지 알지 못하기 때문에 소비자를 배려하지 않고, 소비자 역시 누가 먹을거리를 생산하는지 모르기 때문에 농사에 대해 관심을 갖지 않게 된다는 뜻이에요.

이렇게 먹을거리의 생산자와 소비자의 관계가 서로 끊어져 있으면 먹을거리를 사 먹는 일에는 오직 경제적인 문제만이 중요해집니다. 생산자는 얼마나 많은 이윤을 남길 수 있는지가 제일 중요한 문제가 되고, 소비자는 싼값에 식품을 살 수만 있으면 그만인 것이죠.

먹을거리의 생산자와 소비자가 연결되어 있지 않기 때문에 소비자는 생산자에게 자신들의 의견을 전할 수가 없고, 영향도 끼칠 수 없어요. 이와 관련된 대표적인 사건이 2008년에 중국에서 일어난 멜라민 사태예요. 멜라민은 식품에 사용해서는 안 되는 성분인데, 중국의 우유 생산자와 가공업체에서 보다 많은 이익을 얻기 위해 멜라민을 식품에 넣으면서 문제가 되었지요. 이 사건으로 분유를 먹는 아기가 1차 피해자가 되었습니다. 당시 중국에서 멜라민을 넣은 분유를 먹은 아기 4명이 사망했고, 5만 명 정도가 피해를 입은 것으로 전해졌지요.

더욱 심각한 점은 이런 문제가 한 나라만의 문제로 그치지 않는다는 것입니다. 많은 식품이 한 나라를 넘어 전 세계에서 생산되고 팔리기 때문이에요. 우리나라에도 중국에서 수입된 제품이나 중국산 원료를 들여와 만든 식품에 멜라민이 포함되어 있음이 드러났어요. 뿐만 아니라 물고기 사료, 식용 개 사료 등에도 멜라민 성분이 들어 있다는 것이 밝혀졌지요.

이런 일이 일어나면 소비자는 그 문제를 해결하지 못합니다. 누구에게 어떤 방식으로 불만을 말해야 자신들의 뜻을 이룰 수 있는지 알 수 없거든요. 생산자와 관계가 없기 때문에 영향력을 끼칠 단체도 없습니다.

이런 문제가 생길 때까지 국가는 무엇을 하고 있었을까요?

국가는 국민의 생명을 지켜야 할 의무가 있기 때문에 좋은 품질의 식량을 꾸준히 공급하고, 국민이 음식에 대해 제대로 알고, 좋은 음식을 제대로 먹을 수 있도록 힘써야 합니다. 국제연합 인권선언과 이후의 규칙을 보면, 국가는 국민의 식량권을 보호하고, 존중하며, 지킬 의무가 있다고 되어 있어요. 그만큼 음식에 대한 국가의 책임은 크고 중요하다고 할 수 있지요. 하지만 대부분의 국가는 의무와 책임을 다하지 않아 국민이 음식문맹자가 되는 걸 구경만 하고 있죠.

대부분의 국가에서는 식량을 일반 상품과 같은 방식으로 다루죠. 식량을 상품처럼 다루면 국가는 이 문제에 적

극적으로 나서기가 어려워져요. 시장 실패* 영역에 최소한으로 나서기 때문이죠. 식량의 공급 문제를 시장의 문제로 여기고 식량권을 보장하는 제도를 적극적으로 마련하지 않는 거예요.

사람들을 음식문맹으로 만드는 데 언론도 거들고 있습니다. 오늘날 매우 큰 힘을 갖고 있는 식품 산업은 광고에 많은 비용을 투자하고 있어요. 이런 현실에서 광고를 싣는 언론은 음식의 문제를 잘 다루지 않고, 다룬다고 하더라도 일부분만 다루고 있죠.

많은 음식문맹자들이 음식을 조리하는 방법이나 음식 재료를 다루는 방법을 모릅니다. 하지만 이 역시 개인의 문제가 아닙니다. 학교나 가정에서 음식을 조리하는 법을 가르치지 않기 때문에 배울 기회가 없었을 뿐이에요. 조리 기술을 익히는 것은 예전에는 당연한 일이었지만, 오늘날에는 퍽 특별한 과정이 되었어요. 학교나 가정에서는 조리 기술을 배울 시간에 입시나 취업 공부를 하길 바라기 때문이에요. 조리 기술이 없는 사람은 다른 사람이 만든 음식을 먹을 수밖에 없겠죠.

음식을 모르는 게 왜 문제가 될까?

음식문맹자들은 패스트푸드, 인스턴트 식품 등이 일으키는 문제를 알지 못하고 단지 가격이 싸고, 편리하고, 맛이 있다는 이유로 이런 음식을 많이 사 먹죠. 그 결과 여러 가지 병에 걸린다는 이야기를 앞에서 했죠?

신체적인 건강뿐만 아니라 정신적인 건강도 문제가 생기죠. 영국의 연구 결과가 이를 뒷받침하고 있어요. 가정에서 패스트푸드로 식사를 한 아이들이 학교 수업에 집중하지 못하고, 성적이 떨어졌어요. 패스트푸드가 언어와 행동을 폭력적으로 만든다는 연구 결과도 있습니다. 미국 교도소에 대한 연구에 따르면, 설탕 성분이 많이 들어간 패스트푸드를 먹은 죄수들이 그렇지 않은 죄수에 비해 말과 행동이 더 폭력적인 것으로 나타났어요. 또한 패스트푸드에 들어 있는 각종 첨가물은 자폐증, 주의력결핍 과잉행동장애를 일으킨다는 연구도 있지요.

음식문맹은 개인의 문제를 넘어 사회 차원의 문제를 낳기도 해요. 그중 가장 큰 문제는 환경오염입니다. 패스트푸드에 사용되는 식품 재료를 생산하는 과정에서 화석연료를 많이 사용하죠. 예를 들어 작물이 빠른 속도로 자라게 하기 위해선 온실에서 높은 온도를 유지해야 하는데, 그러기 위해 많은 양의 석유를 쓰지요. 달걀을 짧은 기간에 생산하기 위해서는 하루에 여러 번 양계장의 불을 밝혀야 해요. 이때도 귀중한 전기에너지가 사용됩니다. 전기에너지는 석탄, 석유 등 화석연료를 태워 얻는 것이니 모두 지구온난화의 원인이 되어요. 화석연료를 태울 때 나오는 이산화탄소가 지구온난화를 일으키니까요.

패스트푸드 제품에는 소고기가 많이 사용되죠. 대표적인 식품이 햄버거예요. 패스트푸드가 더 많이 팔리자 더 많은 소고기를 생산하기 위해 열대우림을 이용하는 일이 많아지고 있죠. 소를 키우기 위해서는 넓은 목초지가 필요하기 때문이에요.

그뿐 아니에요. 소의 배설물인 똥과 오줌, 방귀가 지구온난화를 부추긴다는 얘기를 들어 보았나요? 소의 똥과 오줌, 방귀나 트림에서 메탄가스가 만들어지죠. 점점 더 많은 양의 소를 키우면서 소들이 만들어 내는 메탄가스가 늘어나 지구온난화가 더 빨라진다는 이야기예요. 메탄가스는 같은 양의 이산화탄소가 일으키는 온실효과보다 무려 25배나 강하대요.

패스트푸드는 유통과정에서도 지구온난화를 일으켜요. 생산지에서 소비지까지 거리가 먼 음식을 푸드 마일리지가 크다고 하는데 패스트푸드가 바로 그런 식품이거든요. 먼 거리를 이동할 때 화석연료를 많이 쓰게 되니 이 또한 문제가 됩니다.

음식문맹자들은 식량을 헤프게 쓰고, 많은 양의 음식물 쓰레기를 만드는 것에도 거리낌이 없어요. 이는 음식의 가치를 떨어뜨릴 뿐만 아니라, 음식물 쓰레기로 환경오염을 일으켜요. 패스트푸드 매장에서 사용하는 플라스틱, 비닐 같은 많은 일회용품은 말할 것도 없고요.

농업이 사라진다면…?

문제는 환경오염뿐만이 아니에요. 음식문맹자의 식생활은 지역 농업에도 나쁜 영향을 끼쳐요. 상대적으로 가격이 싼 음식 재료나 그것으로 만든 가공식품, 인스턴트 식품을 사 먹으면 지역 농민들이 재배한 농산물은 덜 팔려 농민들은 경제적으로 어려움을 겪게 되겠지요. 지역 농민들이 농업을 포기하면 그곳의 특색이 묻어난 지역 음식이 사라지게 될 거예요. 지역 음식은 그 지역만의 특징을 표현하는 대표적인 음식이예요. 그런 지역 음식이 사라진다는 것은 해당 지역을 고향으로 둔 사람들이 음식 문화의 뿌리를 잃는다는 것과 마찬가지입니다. 그 지역만의 특징인 향토성이 사라진다는 것이니까요.

"농민 없는 미래를 생각할 수 있습니까?"

이 말은 2010년 슬로푸드 대회에 참석하기 위해 우리나라를 방문한 슬로푸드협회 회장인 카를로 페트리니가 한 말입니다. 그의 말을 더 들어 볼까요?

"농민 없는 미래를 생각할 수 있습니까? 불가능합니다. 휴대전화를 먹고 살 수 있습니까? 불가능합니다. 우리에게는 쌀과 채소와 과일이 필요합니다. 요리에만 관심을 보이고 농업에 관심을 보이지 않는 것은 바보 같은 짓입니다. 농업에 대한 관심 없이 음식에 대해서만 다루는 요리 프로그램은 푸드포르노*에 불과합니다.

> ★ 푸드포르노 음식 또는 음식 모습이 담긴 사진이나 영상의 시각적인 자극을 극대화한 음식 관련 콘텐츠를 말한다.

농업과 음식은 분리해서 생각할 수 없습니다. 농업 없이는 음식도 없습니다.

모든 나라가 자기 나라만의 농업을 가져야 합니다. 모든 지역이 지역 농업을 가져야 합니다. 농업을 잊은 나라는 가난해질 수밖에 없습니다."

경제적으로 발전하기 전 우리나라 사람들은 주로 농촌에서 농사를 지었어요. 그래서 우리나라에서 생산한 식량으로 국민들이 먹고살 수 있는 비율을 말하는 식량 자급률도 높았죠. 농업에 대한 정부나 정치인들의 관심도 높은 편이었어요. 하지만 다른 나라에 제품을 파는 산업으로 경제 산업구조가 바뀌면서 농사를 짓는 인구가 크게 줄어들었어요. 1970년에 1,400만 명이던 농업종사 인구가 2015년에는 256만 명으로 크게 줄었어요. 2015년을 기준으로 하면 농업종사 인구는 전체 인구의 5퍼센트 수준에 불과합니다.

농촌에 남아 있는 농민들도 매우 어려운 삶을 이어 가고 있어요. 소득은 늘지 않고 빚만 빠른 속도로 늘어나고 있지요. 농업이나 농촌에 대한 2013년 국민의식조사에 의하면 농민의 64.7퍼센트가 한국 농업이 발전할 가능성을 낮게 보고 있어요. 이런 상황에 얼마나 많은 사람이 농촌에 남아서 농사를 지으려 할까요? 농촌이 텅 비는데 국토가 균형 있게 발전할 리는 없겠죠.

살아가는 데 먹을거리는 반드시 필요합니다. 절대적으로 중요하다고 해도 지나친 말이 아니에요. 농업이 없다면 먹을거리도 없어요. 농업이 없다면 우리는 생명을 유지할 수

없어요. 그런데 음식문맹자로 살면서 우리 농업을 돌보지 않는 사이에 농업과 농촌이 매우 빨리 망가지고 있어요. 이 대로 두고만 보아도 될까요?

음식시민이 되려면 어떻게 해야 할까?

음식문맹이 얼마나 큰 문제를 일으키는지 충분히 이해했을 거예요. 내가 먹는 음식이 세상을 구할 수도 망치게 할 수도 있어요. 그러니 오늘부터 음식에 대한 관심을 가져 보세요.

음식문맹에서 벗어나 음식시민이 되려면 매우 노력해야 해요. 조금씩 쉬운 것부터 노력해 보세요. 가장 쉽게 할 수 있는 것은 자신이 먹는 음식에 관심을 갖는 거예요. 일기처 럼 오늘 내가 먹은 음식이 무엇인지 써 보고 한 번에 쭉 살 펴보면 내가 음식을 어떻게 먹고 있는지도 보일 거예요.

자기가 먹는 음식에 대해 궁금해하는 습관을 가지는 것 도 중요해요. 아침에 먹은 된장찌개의 주재료인 된장을 만 드는 방법이라든가, 급식에 반찬으로 나온 김치는 어디에서 재배된 배추로 담근 건지 등 내가 실제로 먹는 음식에 대 해 호기심을 가져 보세요. 우선 주변에서 흔히 보는 매체를 통해 알아 갈 수 있어요. 이 책처럼 음식을 다룬 책, 여러분이 좋아하는 만화책, 다양한 정보를 담은 유튜브 동영상, 음식을 다룬 다큐멘터리 등을 더욱 관심을 기울여 보면서 음식에 대해 알아 가세요. 이런 습관을 들이면 음식을 보는 눈이 달라질 수 있어요.

음식을 대할 때 돈이 아닌 가치로 생각해야 음식에 고마운 마음을 느낄 수 있어요. 싸게 산 음식은 버리기 쉽지만 누가 어떤 마음으로 만든 음식인지 상상하면 그 음식에 대해 특별한 마음을 가질 수 있을 테니까요.

이렇게 음식을 대하는 사소한 습관부터 바꾸기 시작하면 내가 선택하는 음식이 세상에 어떤 영향을 끼치는지 더 넓은 분야에도 관심을 가질 수 있어요. 환경에는 좋은 영향을 미치는 음식인지, 동물복지를 해친 곳에서 길러진 것은 아닌지, 우리나라 농업에는 도움이 되는 음식인지 등 음식을 둘러싼 분야에 대한 지식도 커질 거예요.

한 단계 더 나아가 직접 음식을 만들어 보는 것도 좋은 경험이에요. 음식을 만들려면 자연스럽게 음식 재료에 관심을 갖게 되겠지요. 시장을 보면서 다양한 음식 재료를 알 수도 있고요. 장을 보고, 음식 재료를 손질해서 음식을 만들고, 설거지까지 경험해 보면 그동안 쉽게 먹어 왔던 음

식의 소중함을 더욱 잘 알 수 있어요. 내가 만든 음식이 더 맛있게 느껴지기도 할 테고요. 학생들은 혼자서 조리를 하기 쉽지 않으니 부모님을 도와 식사를 차리거나 김치를 만들거나 두부를 만드는 등의 체험을 해 보는 것도 음식을 이해하는 좋은 경험이 될 거예요.

이 모든 과정을 너무 어렵게만 생각하지 마세요. 온 가족이 함께하는 식사시간에 자연스럽게 익힐 수 있어요. 온 가족이 함께 시장에 가기도 하고, 식사 준비도 함께하고 밥을 먹으면서 음식에 대한 이야기를 나누는 거예요. 자연스럽게 식사 예절도 배울 수 있고, 다양한 음식의 가치를 알게 되면 편식을 하는 습관도 고칠 수 있어요.

기억하세요. 모든 것은 음식에 대한 관심에서 시작된다는 것을요.

　　로커보어는 지역을 뜻하는 로컬(Local)과 라틴어로 먹을거리를 뜻하
는 보어(Vore)를 합한 말로, 자기가 사는 지역에서 가까운 거리에서 생
산된 로컬 푸드(Local Food)를 즐기는 사람들을 가리키는 말이에요. 글
로벌 푸드나 패스트푸드는 생산 과정에서 농약이나 화학약품을 얼마
나 많이 사용했는지 소비자들이 알 수 없죠. 게다가 생산에서 마지막
에 팔리는 단계까지 아주 복잡한 과정을 거쳐 먼 거리를 오기 때문에
이동에 많은 에너지를 사용해 환경을 오염시키는 문제도 있어요. 로
커보어 운동으로 키운 농산물은 글로벌 푸드나 패스트푸드와는 달리,
생산할 때 농산물에 화학비료나 살충제를 사용하지 않기 때문에 대형
마트에서 파는 글로벌 푸드보다 못생기고 울퉁불퉁하고 크기도 작죠.
그것은 억지로 농산물을 빨리 키우려 하거나 예쁘게 꾸미려 하지 않는
다는 뜻이에요. 하지만 우리가 안심하고 먹을 수 있는 식품이죠. 그리
고 농산물의 이동 거리가 짧아 환경오염의 문제도 크지 않고, 지역에
서 생산된 걸 그 지역에서 소비하기 때문에 그 지역의 농가에 경제적인
도움을 제공해요. 생산해서 팔리기까지 유통과정이 짧고, 그 과정에
지역에서 돈이 돌기 때문에 지역 경제도 활발해지는 면이 있어요. 여

러 가지로 가정의 식탁과 지역 공동체에 건강하고 좋은 결과를 미친다고 할 수 있어요.

일본의 지산지소(地産地消) 운동 역시 로커보어 운동이에요. 지산지소 운동은 1970년대 후반에 식량을 마련하기 위해 시작된 로컬 푸드 운동이죠. 지역에서 생산한 신선한 농산물을 지역에서 소비한다는 뜻이에요. 일본 농협인 JA가 지산지소 운동에 나선 뒤로 정부에서도 열심히 지산지소 정책을 실천에 옮기고 있어요. 실제로 각 학교와 그 지역의 농산물 생산자를 연결해서 학생들에게 급식을 제공하고 있죠.

로커보어 운동이 더욱 널리 퍼지면서 최근에는 아예 도시 한가운데에서도 직접 먹을거리를 재배해 먹자는 운동으로 발전하고 있죠. 도시의 아파트 베란다에서 미니 텃밭을 키우고, 도시와 가까운 주말농장에서 농사를 짓는 것도 로커보어 운동과 관련이 있어요. 점점 늘어나는 도시 농부 현상은 더 넓은 의미의 로커보어 운동이라고 할 수 있어요.

4장

어떤 음식을
선택해야 할까요?

어떤 음식이 바른 음식일까?

앞에서 살펴보았듯이 오늘날 우리가 먹는 음식에는 여러 문제가 있습니다. 문제가 있는 음식은 그것을 생산하는 사람과 먹는 사람에게도 나쁜 영향을 일으키고, 그것이 생산되는 환경과 생물이 살아가는 생태계와 우리 사회에도 좋지 않지요. 그동안 쉽게 선택하고 먹어 온 음식이 나쁜 문제를 일으키는 음식이라면 우리는 도대체 어떤 음식을 먹어야 할까요? 바른 음식의 조건을 살펴볼까요?

바른 음식의 첫 번째 조건은 당연히 안전해야 한다는 것이죠. 안전하지 않은 음식을 먹으면 배탈이나 식중독 등을 앓을 수도 있고, 바로 어떤 반응이 일어나지 않더라도 우리 몸에서 나쁜 것들이 쌓여서 오랜 시간이 지났을 때 문제가 될 수도 있어요. 농약이 남아 있는 음식 재료를 계속 먹게 되면 당연히 건강을 해치겠지요. 그렇기 때문에 음식과 관련된 기준에서 가장 중요한 것은 안전이에요.

먹는 사람에 대한 배려가 담긴 음식은 바른 음식이라 할 수 있어요. 음식 재료나 음식을 만드는 사람들이 자신이 만든 것을 누가 먹을지 생각하고 그들을 배려해서 만든다면 나쁜 것을 섞거나 좋지 않은 방법으로 만들진 않겠지요. 자기 가족이 먹는 음식이라 생각하면 마음을 쏟는 게 당연할 테니 말이에요.

바른 음식은 자연의 시간으로 만들어진 것이어야 합니다. 예전에는 돼지가 다 자라기까지 1년 6개월이 걸렸어요. 하지만 요새는 7개월이면 다 성장하지요. 사람들이 고기를 먹기 위해 키우는 육계 닭의 경우는 요즈음 40일이 채 걸리지 않아요. 한여름에만 먹을 수 있었던 수박도 요즘엔 1년 내내 다 먹을 수 있어요. 이런 것은 자연의 시간으로 생산된 음식 재료나 음식이 아니에요. 돼지와 닭을 더 빨리 키우기 위해 성장이 자연 속도보다 더 빨리 일어나게 해 주는 성장촉진제를 사용하기도 하죠. 제철이 아닌 과일을 생산하기 위해서 많은 에너지를 사용하기도 합니다. 이 모든 것은 더 적은 돈과 노력으로 더 많은 것을 더 빨리 얻으려는 효율성만을 따진 결과라 할 수 있어요. 농업 기술이 발달해서 1년 내내 먹고 싶은 과일이나 채소를 먹을 수 있다 해도 제철에 생산되는 것보다 맛이 좋지 않아요.

과거에는 1년 내내 필요한 음식 재료가 나지 않기 때문에 오래 보관하면서 먹을 수 있는 발효 음식이 발전할 수 있었어요. 김치, 된장, 젓갈, 장아찌 등 우리나라의 전통 음식 중에는 발효 음식이 참 많지요. 이런 발효 음식들은 자연의 시간을 억지로 거스르지 않는 바른 음식이에요. 건강에도 좋다고 하니 이런 음식을 선택하지 않을 이유가 없어요.

바른 음식의 또 다른 조건은 지역의 특성을 지녀야 한다는 거예요. 우리가 먹는 모든 것은 1차적으로 자연이 만드는 것들이에요. 그렇기 때문에 음식 재료가 생산되는 지역에 따라 종류나 맛이 달라질 수밖에 없어요. 같은 배추라 해도 고원이나 산에서 생산되는 배추와 평평한 땅에서 생산되는 배추의 맛이 다르고, 같은 바다라 해도 동해에서 생산되는 해산물과 서해에서 생산되는 해산물의 종류가 다르지요. 그렇기 때문에 지역 음식은 그 지역에서 생산되고 사용하는 음식 재료의 특성에 따라 모두 다릅니다.

한겨울 명태를 하루의 온도 차이가 매우 큰 곳에 걸어 차가운 바람을 맞고 얼었다가 녹기를 스무 번 이상 반복해서 말린 북어가 황태예요. 이렇게 만들어진 황태는 살이 연하고 부드러우며 쫄깃한 느낌을 지닌다는 특징이 있어요. 이런

바른 먹을거리란?

성장촉진제를 쓰지 않고
생태에 기반해 사육한 가축들

신선한 제철음식과 몸에 좋은 발효음식

여름은 시원한 제철과일

겨울에는 싱싱한 굴을 넣은 김장을

지역 농업을 기반으로 생산된 먹을거리

진짜 신선하다~

전라도에 왔으면 전라도의 대표음식을 먹어줘야지

반찬이 몇 개여~

황태를 만들기 위해서는 일교차가 커야 해요. 그래서 한낮과 한밤의 온도 차이가 큰 강원도 인제 지역의 황태가 유명해진 것이죠. 이렇게 지역의 특성이 그대로 묻어 있는 음식 재료로 그 지역의 조리법을 통해 만들어진 음식은 지역의 문화와 특성을 나타낸 지역 정체성의 일부가 돼요.

마지막으로 바른 음식은 자연의 맛을 지녀야 해요. 식품 회사에서 쉽게 보관하고 요리할 수 있도록 처리한 가공식품 맛에 점점 익숙해지면 음식에서 자연의 맛을 찾기가 어려워지죠. 자연의 맛을 모르는 사람도 많아요. 우리의 맛과 자연 그대로의 맛을 잃어버리고 그 자리를 식품 회사에서 만든 맛이 차지하게 두어선 안 됩니다.

바른 먹을거리는 자연을 존중하면서 살아 있는 땅과 깨끗한 물에서 생산된 먹을거리이고, 동물을 존중하고, 자연에서 생물이 살아가는 모양이나 상태를 거스르지 않고 생산된 먹을거리예요. 지역의 문화를 담아낸 지역 농업으로 생산된 먹을거리예요. 일부러 맛을 높이거나 예쁘게 보이기 위한 식품첨가물이 아니라 천연조미료로 맛을 낸 음식이죠. 될 수 있으면 푸드 마일리지가 짧은 신선한 먹을거리, 제철 먹을거리가 바로 바른 먹을거리예요.

내가 사는 곳에서 나는 음식이 왜 좋을까?

앞서 바른 먹을거리의 조건을 살펴보았는데요, 어떤 종류가 있는지 자세히 살펴볼까요?

처음으로 꼽을 수 있는 것은 로컬 푸드입니다. 로컬 푸드는 글로벌 푸드와 반대되는 먹을거리라 생각하면 돼요. 글로벌 푸드는 전 세계를 대상으로 생산되고 소비되는 먹을거리라고 한 것 기억하죠? 로컬 푸드는 그와 반대로 먼 거리를 거쳐 오지 않은 지역의 농산물을 말해요.

각 지역의 땅의 성질이나 농사를 짓는 조건, 문화가 모두 다르기 때문에 그런 특성이나 조건에 맞추어 먹을거리를 생산해야 하죠. 로컬 푸드가 바로 이런 먹을거리예요.

로컬 푸드는 음식 재료가 생산되고 소비되는 거리가 멀지 않기 때문에 생산자와 소비자가 서로에 대해 알기 쉬워요. 이 둘의 거리가 가까우면 생산자는 소비자를 배려해서 먹을거리를 생산하고, 소비자는 자신들이 먹는 음식 재료가 어떻게 생산되는지 관심을 갖고 생산자에게 도움을 제공할 수 있지요.

로컬 푸드의 가장 큰 장점은 이동 거리가 짧다는 거예요. 소비자가 사는 곳에서 멀지 않은 곳에서 생산된 식품을 로컬 푸드로 인정하죠. 먼 거리를 이동하는 글로벌 푸드는 생산지에서 마지막으로 팔리는 곳까지 이동하는 과정에서 상할 수 있어요. 그래서 과일이나 채소는 익기 전에 따서 유통 과정에서 익도록 하는 경우가 많아요. 대표적인 식품이 바나나예요. 익기 전에 딴 과일이 맛이 있을 리가 없죠. 가끔씩 바나나를 실제로 재배하는 지역에 가서 충분히 익은 바나나를 먹어 본 사람들은 그동안 먹어 왔던 바나나보다 훨씬 맛있다는 말을 하는데 그건 과장된 표현이 아니에요. 로컬 푸드는 이동 거리나 유통 과정이 짧기 때문에 충분히 익었을 때 거두어들인 가장 맛있는 상태의 식품을 소비자가 먹을 수 있어요. 그러니 신선하고 영양가가 높고 맛도 좋죠.

먼 거리와 오랜 시간을 이동해야 하는 글로벌 푸드의 경우 오랜 기간 창고에 보관하기도 하기 때문에 유통 과정에서 식품이 상하지 않게 해 주는 방부제가 사용돼요. 로컬 푸드는 그럴 필요가 없기 때문에 안전하죠.

로컬 푸드는 착한 음식으로 불리기도 하죠. 로컬 푸드는 글로벌 푸드에 비해 생산자에서 소비자에게 이르는 과정이 짧아요. 이 말은 중간상인이 많지 않기 때문에 생산자에게 돌아가는 몫이 크다는 이야기예요. 글로벌 푸드의 경우 지구 반대편에서 내 집 밥상에 오르기까지 엄청나게 많은 유

통 과정을 거쳐서 나에게 도착하게 되죠. 그런 유통 과정에 드는 비용 역시 모두 그 음식 재료의 값에 당연히 포함되죠. 하지만 이상한 건 글로벌 푸드는 그리 비싸지 않다는 거예

★ 다국적 기업 여러 나라에 계열 회사를 거느리고 세계적인 규모로 제품을 생산하고 만들어 전 세계의 시장에 내다 파는 대기업.

요. 다국적 기업*이 한꺼번에 많은 양의 식품을 생산해, 싼값에 많이 파는 박리다매의 전략을 취하기 때문이에요. 하지만 그래도 유통 과정에 들어가는 비용은 절대로 줄일 수가 없어요. 그래서 음식 재료를 생산한 생산자에게 돌아가는 몫을 터무니없이 줄이는 거죠.

커피를 예로 들어 볼까요? 커피는 전 세계에서 하루 25억 잔이나 팔리는 전 세계인들의 기호 식품*이죠. 커피는 석유

★ 기호 식품 우리가 살아가는 데 꼭 필요한 영양소를 가지고 있는 식품이 아니라, 맛과 향기를 즐기기 위해 먹는 식품. 커피, 차, 담배, 술 등이 대표적인 기호 식품이다.

다음으로 나라 사이에 거래 양이 많다고 해요. 커피콩은 아프리카나 남미의 가난한 나라들에서 많이 생산되죠. 그런데 이들 나라는 커피콩을 굉장히 많이 파는데도 여전히 가난해요.

우리가 마시는 커피는 결코 싸지 않아요. 한 잔에 보통 5,000원 정도 하니까요. 우리가 사서 마시는 커피가 싼 것도 아니고 전 세계 사람들이 그렇게나 많이 마시는데 왜 정작

커피를 생산한 사람들은 여전히 가난할까요?

최종 소비자인 우리가 사는 커피 값 중에서 커피를 생산한 사람들에게 돌아가는 몫은 채 1퍼센트도 되지 않아요. 99퍼센트의 돈은 커피 농장을 운영하고 커피를 만드는 다국적 거대 기업과 판매업자, 유통하는 과정에서 중간상인들에게 돌아가요. 우리가 커피를 많이 마셔도 커피를 생산하는 사람들이 계속 가난한 것은 그 때문이에요. 게다가 가난한 커피 농장에서 어른들만 일해서는 먹고살 수 없기 때문에 여러분 같은 어린이들까지 커피콩을 키우고 따는 일을 한다고 해요. 학교에 다니고 뛰어놀아야 할 아이들의 노동력까지 쥐어짜고 이용해 전 세계적으로 많은 문제가 되고 있어요. 그래서 최근에는 여러 나라의 시민단체들이 아동 노동을 법으로 금지하고 다국적 기업이나 중간상인이 공급하는 단계인 유통 과정을 없애고 생산자에게 훨씬 더 많은 몫이 돌아가게 하는 공정무역 커피, 다른 말로 착한 커피를 사자는 운동도 벌이고 있는 거예요.

로컬 푸드의 경우에는 생산해서 마지막으로 팔리기까지 훨씬 적은 단계를 거치게 돼요. 그래서 생산자에게 돌아가는 몫이 더 커지고 쓸데없는 과정을 거치지 않으니 소비자도 훨씬 저렴한 가격에 식품을 구할 수 있는 것이지요.

생산자와 소비자의 거리가 가깝다는 것은 여러모로 좋은 점이 많은데, 소비자가 생산자에게 의견을 전달하기 쉽다는 것도 장점 중 하나죠. 만약 어떤 음식 재료에 문제가 생겼을 때 글로벌 푸드의 경우 소비자의 불만이나 의견을 전할 방법이 거의 없어요. 하지만 로컬 푸드의 경우 식품을 산 소비자가 자기 의견을 쉽게 전할 수 있지요.

로컬 푸드는 생산자, 소비자, 지역사회에 좋은 영향을 끼쳐요. 생산자는 꾸준히 농사를 지을 수 있어요. 생산자의 기운을 북돋아 주고, 식품을 사 주는 지역 소비자들이 있으니 어디에 팔아야 할지 걱정하지 않고 농사를 지을 수 있어요. 그러니 보람을 갖고 소비자들이 원하는 안전하고 믿을 수 있는 먹을거리를 생산하게 되겠죠. 꾸준히 식품을 사 주는 소비자들이 있으니 생산자들은 대기업의 간섭을 받지 않고 자유롭게 건강한 방법을 농사에 실험해 볼 수 있어요.

로컬 푸드는 소비자에게 이로운 먹을거리예요. 소비자가 생산자와 생산 과정을 알 수 있기에 안심하고 먹을 수 있죠. 복잡한 유통 과정에 들어가는 돈이 줄어드니 소비자가 받아들일 수 있는 싼값에 신선한 먹을거리를 사서 먹을 수 있어요. 로컬 푸드는 지역사회에도 좋은 영향을 끼쳐요. 먹을거리를 산 돈이 지역 바깥으로 빠져나가지 않고 그 지역에서 계속 돌기 때문에 지역 경제에도 이롭게 작용하죠. 또 먹을 거리 생산자와 소비자 사이에 쌓인 믿음은 지역사회의 다른 영역에도 퍼져 나갈 수 있지요.

로컬 푸드 운동은 왜 일어났을까?

예전에는 지역에서 생산되는 음식을 먹는 것이 당연했기 때문에는 로컬 푸드라는 말도 없었어요. 글로벌 푸드가 우리 삶에 너무 깊숙이 자리하면서 지역 음식이 설 자리를 잃게 되자 로컬 푸드 운동이 시작되었어요.

로컬 푸드 운동의 범위는 매우 넓어요. 지역 농산물을 사 먹자는 운동에서 지역의 식량이 공급되고 팔리는 체계를 법이나 규칙으로 만들어 더 많은 곳에서 지키자는 운동, 세계화된 농업에 대한 반대에 이르기까지 여러 가지로 뻗어 나가지요.

로컬 푸드 운동은 어느 한 나라에서만 일어나는 것이 아니고 세계의 여러 나라에서 벌어지는 현상이에요.

우선 미국에서는 전국 각지에서 연방정부 및 주정부의 도움과 소비자단체, 농민단체 등의 활동에 힘입어 로컬 푸드가 눈에 띄게 늘어나고 있어요. 농민 시장이 전국 곳곳에 열리고 있고, 소비자가 농사의 어려움을 함께 나누는 공동체 지원 농업도 빠른 속도로 늘어나고 있어요. 먹을거리의 생산과 소비에 직접 관련이 있는 사람들의 모임인 지역 식량 정책협의회도 점점 더 늘어나고, 좋은 결과가 나타나고 있어요. 또 지역 농산물을 이용한 학교 급식도 초중등학교를 넘어 대학과 일반 회사에까지 퍼지고 있지요.

광우병 때문에 로컬 푸드에 대한 관심을 갖게 된 영국에서는 2001년 구제역*으로 큰 혼란을 겪은 뒤 로컬 푸드에 대한 관심이 더욱 커졌어요. 런던은 물론 전국 각지에서 로컬 푸드를 이용하고 널리 퍼뜨리자는 움직임이 일어나고 있죠.

★ 구제역 소, 돼지, 염소처럼 발굽이 갈라진 동물들이 잘 걸리는 감염병이다. 2001년 영국은 구제역에 걸린 가축을 처리하느라 400만 필 이상의 가축을 죽여야 했다.

캐나다에서는 로컬 푸드와 관련해 도시 농업 운동이 진행되고 있어요. 도시 당국과 시민단체 등에서 시민들이 공동체 텃밭, 학교 텃밭 등을 이용할 수 있도록 도와주고 있어요. 심지어 토론토에서는 도시의 옥상에서 농사를 짓기도 해요. 또 밴쿠버에서는 농민 시장이 열리고 가게에는 '로컬 푸드'라는 브랜드의 농산물이 팔리고 있죠.

일본의 지산지소 운동에 대해서는 앞에서도 이야기했는

세계에서 일어나고 있는 로컬 푸드 운동

데 기억하나요? 일본에서는 지역에서 생산된 농산물이나 수산물, 축산물을 그 지역에서 소비하자는 지산지소 운동이 1990년대부터 본격적으로 실행되었어요. 예를 들어 농산물 직판장이나 지역 슈퍼마켓에서 지역 농산물을 팔고, 그 지역의 학교나 기업체 식당에서 급식으로 그 지역 농산물을 소비하게 하는 거예요. 그 지역에서 생산된 농산물을 그 지역의 학교나 식당에서 사용함으로써 싼값에 좋은 품질의 농산물을 공급하고, 지역 사람들이 그 지역에서 일하고 돈을 벌게 하는 효과를 거둘 수 있죠.

로컬 푸드 운동이 진행되고 있는 우리나라에서도 그 효과가 나타나고 있어요. 인터넷을 이용해 소비자와 생산자 사이를 연결하는 로컬 푸드의 직접 거래가 늘어나고 있어요. 정해진 시기나 기간에 로컬 푸드를 배달해 주는 꾸러미 배송, 로컬 푸드의 직매장 운영, 로컬 푸드 음식 재료를 사용하는 학교 급식도 늘어나고 있답니다.

여러 나라에서 일어나고 있는 로컬 푸드 운동은 지역 식량의 공급 구조를 튼튼하게 세우려는 목표를 갖고 있어요. 글로벌 푸드에서 벗어나 로컬 푸드를 지역 식량의 중심으로 삼아, 환경과 지역 경제를 되살리려는 것이지요.

우리나라는 슬로푸드 강국

슬로푸드는 딱 듣기에도 패스트푸드의 반대말 같지요? 맞아요. 하지만 그것만은 아니에요. 국제슬로푸드협회 회장 카를로 페트리니는 슬로푸드의 기준을 좀 더 분명하게 표현했어요. 그가 말한 슬로푸드의 기준은 '좋고(good)', '깨끗하고(clean)', '공정한(fair)' 음식이에요. 좋다는 것은 맛이 있고, 자연성을 갖추고 있으며, 문화적으로 잘 어울린다는 뜻이에요. 깨끗한 것은 먹을거리의 생산과 운반 방법이 환경에 해를 끼치지 않고 꾸준히 공급될 수 있다는 뜻이에요. 공정하다는 것은 생산과 공급되는 유통 과정에서 일한 사람들이 자기 몫을 제대로 얻을 수 있다는 것을 말하는 동시에 동물복지를 해치지 않는다는 뜻이죠.

슬로푸드의 의미를 이렇게 본다면, 산업화, 세계화가 이루어지기 전에 세계 곳곳에서 그 당시에 살던 사람들이 먹던 음식, 다시 말해 전통 음식은 대표적인 슬로푸드라고 할 수 있어요.

슬로푸드 운동을 이끌어 가고 있는 이탈리아의 대표적인 전통 식품이자 슬로푸드는 발사믹 식초, 살라미, 포도주, 치즈, 피자, 파스타 등이에요. 포도주를 발효시켜 만든 발사믹 식초는 이제는 세계적인 상품이 되었어요. 살라미는 돼지 뒷다리 등을 말린 후 오랫동안 발효시켜 만든 식품이죠.

우리나라에는 이탈리아보다 훨씬 더 다양한 전통 식품이 있어요. 우리나라는 삼면이 바다인데다 계절의 변화가 뚜렷하고, 산과 숲이 많은 자연환경을 갖고 있죠. 논농사와 밭농사가 적절히 발달해서 여러 종류의 농산물과 음식 재료가 생산되었고, 선조들의 지혜가 합쳐져 다른 나라보다 훨씬 더 많은 전통 음식이 이어져 왔죠.

게다가 우리의 주식인 밥 역시 슬로푸드입니다. 밥을 짓기 위해서는 조리 기술이 있어야 하고, 기다림의 시간이 필요해요. 또 쌀의 종류에 따라, 먹는 사람의 취향에 따라 밥을 짓는 방법도 다양하죠. 돌솥밥, 대나무통밥처럼 조리하는 그릇이 달라지면 또 다른 밥이 되지요. 밥을 기본으로 한 또다른 음식을 만들기도 해요. 비빔밥, 볶음밥, 김밥, 술, 식혜를 만들려면 밥을 지어야 하죠.

왜 김치 이야기가 나오지 않나 했지요? 김치야말로 대표적인 발효식품이니까 당연히 슬로푸드예요. 김치의 종류는 정말 많아요. 여러분은 몇 종류의 김치를 알고 있나요? 한번 헤아려 보세요. 늘 먹는 배추김치, 고춧가루가 들어가지 않은 백김치, 무로 만드는 깍두기와 총각김치, 물이 있는 동치

미, 파김치, 오이소박이, 갓김치, 고들빼기김치 등……. 대충 헤아려도 수가 무척 많네요. 각각의 종류에 따라 김치를 담그는 방법도 다양하고 같은 김치라도 지역마다 각기 다른 재료들을 이용하죠. 그것은 지역마다 날씨에 따라서 주로 사용하는 재료가 달라져 김치의 특징도 달라지기 때문이죠. 더운 남쪽 지역에서는 대개 짜게 담그고, 추운 북쪽 지역에서는 간을 약하게 해서 김치를 담가요. 남쪽 지역 김치들이 짠 것은 더운 날씨에 김치 맛이 잘 변하지 않게 하기 위해 멸치젓갈과 갈치속젓처럼 짠 젓갈과 양념을 많이 사용하기 때문이에요.

우리나라의 대표적인 장류 식품인 간장, 고추장, 된장도 슬로푸드 그 자체라고 할 수 있어요. 이러한 장류 음식의 기본 재료는 콩이에요. 콩을 삶아 으깨 메주를 만들고, 발효시켜 장을 만들죠. 메주를 발효시키는 데는 볏짚을 이용하는데 볏짚에 있는 바실러스균이 메주의 발효를 도와주죠. 잘 발효된 메주를 이용해 된장, 고추장, 간장을 만드는데 여기에도 기다림의 시간이 필요해요. 오래 기다릴수록 맛이 좋은 된장, 고추장, 간장이 만들어져요. 특히 장맛이 집안의 음식 맛을 결정한다는 말이 있을 정도로 집집마다 좋은 맛을 가진 장을 만드는 데 많은 정성을 기울였어요.

이 밖에도 우리가 가지고 있는 수백 가지의 젓갈류도 훌륭한 발효 음식이며, 탕류 음식도 오랜 기다림이 필요한 슬로푸드예요.

패스트푸드가 여기저기에 널려 있는 현실에서 패스트푸드에 비해 결코 싸지 않은 슬로푸드를 먹는 것이 쉽지 않죠. 모든 게 빨리 돌아가는 바쁜 세상에서 오래 기다리는 것도 쉽지 않은 일이에요. 하지만 조금만 주의 깊게 살펴보면, 우리 주변에도 슬로푸드가 많이 있고, 결코 비싸지만은 않아요. 제철에 나는 나물을 먹고, 제철 과일을 먹고, 집에서 밥을 지어 먹는 것 모두 슬로푸드를 먹는 행위예요. 조금만 관심을 기울이면 슬로푸드는 우리의 생활에서 아주 가까운 곳에 있어요.

슬로푸드는 오래된 미래 음식

슬로푸드는 오래전에 우리의 선조들이 먹던 전통 음식이자 현재 문제가 되고 있는 패스트푸드를 대신할 수 있는 방법이라 할 수 있어요. 이러한 점에서 슬로푸드는 '오래된 미래 음식'이라고 할 수 있죠. 슬로푸드를 통해 우리는 전통 음식의 가치를 다시 발견하고, 앞으로 우리가 목표로 해야 할 음식이 무엇인지에 대해서도 알 수 있어요.

패스트푸드가 널려 있는 오늘날 오래된 미래 음식인 슬로푸드를 지키고 점점 더 많은 곳에서 이용하도록 노력해야 합니다. 우선 패스트푸드를 멀리하고 될 수 있으면 슬로푸드를 가까이 하기 위해 노력해야 해요. 이러한 노력은 슬로푸드를 생산하는 생산자들에게 식품을 팔 수 있는 기회를 제공하고, 생산자들이 슬로푸드를 더 생산하도록 도와줍니다.

다음으로 소비자가 먹을거리의 단순한 소비자가 아니라 먹을거리의 공동 생산자가 되어야 해요. 슬로푸드를 선택하고 이것으로 식생활을 하는 것을 넘어서 슬로푸드의 생산과 공급에 관심을 기울여야 해요. 슬로푸드를 키우는 농부의 어려운 상황을 충분히 이해하고, 좋고 깨끗하고 공정한 먹을거리를 계속해서 생산할 수 있도록 힘을 보태야 해요.

셋째, 슬로푸드 운동, 로컬 푸드 운동과 같은 먹을거리 운동에 적극적으로 나설 필요가 있어요. 산업형 농업과 글로벌 푸드 시스템이 널리 퍼지면서 오랜 시간과 많은 노력이 필요한 소규모 슬로푸드 농업은 이들과 경쟁하고 살아남기 어려운 구조에 있죠. 그렇기 때문에 글로벌 푸드 시

스템에 맞서기 위해서는 단순히 개인의 노력에만 맡길 것이 아니라 훨씬 짜임새 있는 먹을거리 운동이 필요해요. 생산자와 소비자를 직접 연결하는 직거래 방식의 판매와 지방자치단체나 마을 공동체가 운영하는 직매장, 생활협동조합, 농민장터, 지역의 급식 운동 등이 이런 로컬 푸드 운동이라고 할 수 있죠.

슬로푸드 운동이 왜 필요할까?

슬로푸드 운동은 1986년 시작되었어요. 패스트푸드의 대표선수라고 할 수 있는 맥도날드가 어떻게 널리 퍼졌는지는 앞에서 이야기했죠? 맥도날드가 이탈리아 로마에 생기자, 패스트푸드가 이탈리아의 좋은 전통 음식을 점점 사라지게 만들지도 모른다고 걱정한 사람들이 있었어요. 카를로 페트리니라는 사람과 그의 친구들은 슬로푸드 운동을 시작했어요. 단순히 패스트푸드 음식만이 아니라, 패스트푸드를 퍼뜨리는 다국적기업들의 좋지 않은 문화까지 이탈리아에 들어올 거라고 걱정했기 때문이죠. 이런 큰 회사들은 적은 돈을 주고 오랜 시간 사람들에게 일을 시킴으로

써 최대한 많은 돈을 벌어들이거든요. 그건 음식을 사 가는 사람뿐만 아니라 그 음식을 요리하고 파는 사람도 배려하지 않는 태도이죠. 결국은 음식을 대하는 태도가 사람을 대하는 태도와 연결된다고 생각한 거예요.

요즘에 문제가 되는 유전자 조작 식품(GMO)도 그런 면에서 생각해 볼 수 있어요. 유전자 조작은 식물이나 동물이 자연스럽게 크는 걸 기다리지 않고 좀 더 빠르게 좀 더 크게 키우고 좀 더 많이 생산하기 위해 생명체를 이루는 암호라고 할 수 있는 유전자를 사람이 인위적으로 바꾸는 거예요. 그럼으로써 애초에 그 생물이 가진 단점을 없애고 사람에게 도움이 되는 방식으로 바꿀 수 있다고 생각하기 때문이죠. 콩, 감자, 옥수수, 카놀라가 이런 유전자 조작 식품이 많은데, 사람에게 편리하게 바꾼 이런 식품을 파는 회사들은 유전자 조작이 위험하지 않다고 주장하죠.

하지만 식물이나 동물의 자연적인 속도를 배려하지 않는 이런 방법은 그 식품을 먹는 사람까지 배려하지 않는 것이죠. 앞에서 말한 것처럼 화학적인 약품이나 기술의 도움을 받아 자란 식품을 아주 오랫동안 먹었을 때, 또 그런 식품들이 우리 몸에서 섞였을 때 어떤 좋지 않은 일이 일어날지에 대해서는 아직 알려져 있지 않아요.

게다가 자연은 사람이 생각한 대로 움직이지 않아요. 잡초를 없애려고 제초제를 뿌렸는데, 그 약품에 적응을 해서 나중에는 어떤 약에도 효과가 없는 아주 강한 잡초가 나올 수가 있어요. 앞에서 이야기한 바나나의 예를 기억하죠? 맛 좋은 그로미셸 바나나를 죽게 만든 파나마 병에 강한 캐번디시 바나나를 전 세계에 팔게 했지만, 결국은 더 강해진 다른 종류의 변종 바이러스 때문에 캐번디시 바나나도 위험해졌죠. 사람이 자연의 법칙을 깨뜨려 가며 하는 방법이 정말로 우리에게 이로운가에 대해서 생각해 볼 일이죠.

그래서 슬로푸드 운동은 단순히 음식에 대해서만 이야기하는 것이 아니라 빠르고 편하고 싼 것을 목표로 하는 전체적인 삶의 방식에 대해서 바꾸어야 한다고 이야기하는 거예요. 느리지만 자연과 사람을 배려하는 태도가 음식을 넘어서 사회의 전체적인 분위기로 퍼져 나가면 지금보다 훨씬 더 살기 좋은 공동체에 살고 있다는 느낌을 받게 될 거예요.

발효음식은 냉장고와 같은 시설이 발전하지 않았던 과거에 음식물을 신선하고 오래 보관하기 위해 발전되었어요. 사실 발효되는 과정은 음식이 썩는 과정과 무척 비슷해서 발효음식에서는 특유의 강한 냄새가 나곤 하지요. 하지만 가장 큰 차이점은 발효는 우리 몸에 유익한 현상이라 음식에 이용된다는 점이에요.

특히 우리나라에는 발효음식이 무척 발달했는데 김치를 비롯해 젓갈, 간장, 된장, 고추장 등의 장류와 막걸리 같은 술까지 다양한 발효음식이 있어요. 그런데 우리나라에서만 발효음식이 발전한 것은 아니에요. 세계의 여러 나라에는 자기 나라만의 음식 문화를 담아낸 다양한 발효음식이 있답니다.

중국과 일본은 우리와 비슷한 발효음식이 참 많아요. 중국에는 우리나라의 청국장과 비슷한 담두시가 있고, 요즘 요리에 많이 쓰이는 굴소스와 두반장도 발효음식이에요. 중국의 발효음식 중 유명한 것으로 취두부가 있어요. 취두부는 전 세계 음식 중 가장 강한 냄새를 가진 음식으로도 유명하지요. 취두부는 두부를 소금에 절여 오랫동안 삭힌 것으로 썩은 두부라 불리기도 하는데, 우리나라의 김치가 지역마다 특색이 있는 것처럼 중국의 취두부도 지역마다 다양한 특징이 있어요.

일본에도 우리나라의 된장이나 간장 같은 장이 있고, 음식으로는 낫토가 유명해요. 낫토는 콩을 발효시켜 만든 전통 음식인데 특별한 조리를 하지 않고 그대로 먹는 것이 특징이에요. 낫토는 단백질이 풍부하고 뼈를 튼튼하게 해 주는 비타민K가 많이 포함되어 있어서 건강식 다이어트 음식으로 인기를 끌고 있지요.

음식 문화가 발전한 이탈리아에서 발효음식으로 유명한 것은 발사믹 식초와 살라미입니다. 발사믹 식초는 와인이나 장처럼 숙성된 기간이 길수록 향기와 풍미가 좋아진다고 해요. 소화를 도와주고 성인병 예방 효과가 높아 샐러드의 드레싱 등으로 많은 사랑을 받고 있어요. 살라미는 말린 햄의 종류인데 돼지고기, 소고기, 거위, 양 등 여러 가지 고기로 만들 수 있어요. 저장 기술이 발전하기 전에 고기를 오래 보관하기 위해 발전한 대표적인 식품이지요.

취두부와 함께 세계에서 냄새가 가장 심한 음식으로 꼽히는 스웨덴의 수르스트뢰밍은 알이 밴 청어를 발효시킨 음식이에요. 스웨덴의 참맛이라 불릴 만큼 맛과 향이 특별하지요. 하지만 강한 냄새 때문에 주

로 야외에서 먹는다고 해요. 악취를 측정하는 기계로 재 보니 우리나라 음식 중 강한 냄새를 풍기는 것으로 유명한 홍어보다 두 배가량이나 더 심한 냄새를 풍긴다고 하니 얼마나 냄새가 지독할지 상상이 되지 않네요.

5장

내가 먹는 음식으로
세상을 바꿀 수 있다고요?

음식도 배워야 한다고?

글로벌 푸드, 패스트푸드, 가공식품, 유전자 조작 식품이 이 시대에 사람들이 주로 먹는 음식이 되고, 그러한 음식을 먹는 식생활이 늘어나면서 경제, 사회, 환경 면에서 꾸준히 건강한 삶을 살아갈 수 있는가 하는 점이 위협받고 있어요. 농사를 통해 먹고살 수 없어 농촌을 떠나는 농부들이 많아지고, 수많은 농가가 비고, 농촌 마을이 사라지고 있지요. 농부와 소비자가 함께하던 먹을거리 공동체가 무너지고 있는 거예요. 농산물을 생산할 수 없을 정도로 땅이 메마르고 거칠어지고 사막처럼 변해서 점점 농사를 짓기 어려워지고 있어요. 생물 다양성, 특히 심고 키우려는 종자의 다양성이 크게 줄어들고, 지구온난화 현상은 더 빠르게 일어나고 있어서 계속 농사를 지을 수 있을 것인지에 대해서도 자신 있게 말할 수 없어요. 이것은 단지 우리나라

뿐만의 문제가 아니라 세계 곳곳에서 일어나고 있는 현상이에요.

지금 지구상의 생명체는 여섯 번째 멸종 위기를 맞고 있어요. 마지막 멸종인 다섯 번째 멸종은 6,500만 년 전 백악기에 빙하기를 맞아 공룡이 멸종했을 때 일어났어요. 이제까지의 멸종은 전부 자연 조건 때문에 일어났는데, 현재 다가오고 있는 여섯 번째 멸종은 사람들이 만든 환경과 조건 때문에 진행되고 있어서 큰 문제입니다.

이러한 멸종을 막으려면, 이 멸종 위협에 책임이 있는 사람들이 계속 자연과 조화를 이루어 살아갈 수 있도록 노력해야 합니다. 지나친 소비를 줄이고, 우리가 쓰는 자원이 후손들로부터 빌려 쓰는 것이라는 점을 깨달아 자원을 아껴 써야 해요.

음식에 대한 선택은 투표 행위로 볼 수 있어요. 어떤 음식을 선택하느냐에 따라 결과가 달라지기 때문이지요. 앞으로도 조화로운 삶을 계속 살아가려면 우리는 어떤 노력을 해야 할까요?

음식의 중요성을 분명히 깨닫고, 좋은 음식을 선택해야 합니다. 그러면서 음식을 먹는 습관도 바꾸어야 하겠지요. 습관이라는 것은 하루아침에 바꿀 수 있는 게 아니에요.

세 살 버릇 여든까지 간다는 말이 있는 것처럼 음식을 먹는 습관도 어릴 적부터 차근차근 익혀야 해요. 그래서 교육이 중요하죠.

음식 교육이 실제로 식생활 습관에 영향을 미친다는 것은 여러 연구를 통해 증명되었어요. 우리나라에서 이루어진 연구에 따르면, 영양 교육을 받은 경험이 있는 학생들이 아침식사를 더 자주한다고 해요. 영양 교육을 받은 집단에서는 간식도 과자와 빵 대신 과일, 우유, 유제품 등을 선택하는 비율이 높다고도 하네요.

미국에서 이루어진 연구는 학교에서 배우는 교과서와 연결된 수업, 요리교실, 텃밭 가꾸기 등과 함께 진행된, 학교 급식 프로그램이 학생들의 식생활에 큰 영향을 끼치고 있다고 밝혔어요. 학교 급식 프로그램과 관련된 수업을 받은 학생들의 경우, 영양에 대해 더 많은 걸 알게 되고, 건강한 음식을 더 좋아하게 되었다는 결과가 나왔어요. 특히 건강한 음식을 좋아하는 정도를 조사했는데 초등학생들에게서 눈에 띄는 변화가 있었어요. 어린 나이일수록 입맛에 대한 교육을 하기 쉽다는 이야기이지요.

교육이 그만큼 중요함에도 오늘날 우리나라를 비롯해 전 세계에서 음식 교육은 점점 줄어들고 있어요. 이런 문제의 중요성을 깨달았기 때문인지, 침팬지 연구로 전 세계에 이름을 알린 제인 구달*이 은퇴 후에 새로 시작한 일이 바로 음식 교육이에요. 영국에 돌아간 제인 구달은 손자들이 먹는 음식을 보고 다음 세대를 위해 먹을거리 환경을 바꾸는 일에 자신의 남은 삶을 바치기로 했다고 해요. 그 결과물로 나온 것이 나로『희망의 밥상』이에요. 배스킨라빈스 아이스크림의 상속자였던 존 라빈스는 육식을 반대하고 채식의 중요성을 알리기 위해 배스킨라빈스의 상속을 포기했어요. 그가 현재 하고 있는 일 역시 음식 교육이에요.

이들이 음식 교육을 시작한 것은 이 일이 중요하고도 당장 시작해야 할 아주 급한 문제라고 생각했기 때문이지요.

다행히 최근에는 여러 나라에서 음식 교육에 대한 관심이 높아지고 있어요. 우리나라에서도 2009년 식생활교육지원법을 만들고, 음식 교육에 힘쓰도록 노력을 기울이고 있습니다. 하지만 아직은 막 시작하는 단계일 뿐이죠. 이를 실천에 옮기기 위한 예산도 적고, 교육을 책임진 담당자도 적어서 음식 교육이 많은 곳에서 이루어지지 못하고 있어요. 국가에서 음식 교육을 정식으로 실시하지 않고 있죠. 국가에서 음식에 대한 관심을 갖고 경제적인 도움을 주는 일 못지않게 학교와 가정에서 이루어지는 음식 교육도 중요해요.

내가 먹는 것을 내가 키운다는 것

그렇다면 음식 교육의 내용은 어떤 것이 될까요?

초등학교에 들어가기 전에는 음식에 대한 감사한 마음과 식사 예절 등을 배우고, 초등학생은 맛에 대해서 배우는 것이 적당하다고 해요. 지역마다 다양하게 존재하는 맛에 대해 알게 되면 달고 짜고 매운, 강한 맛의 인스턴트 음식이 아닌 건강하고 바른 먹을거리의 맛을 알게 되기 때문이죠. 그리고 더 고학년이 되어 조리 수업 시간에 음식을 만드는 방법을 익히게 되면 내가 선택하는 음식이 나와 사회에 큰 영향을 미칠 수 있다는 것도 배울 수 있어요.

무엇보다 가장 중요한 것은 직접 경험을 통해 배우는 것이죠. 단지 아는 것보다 실천이 중요하다는 말도 있잖아요. 내가 먹는 음식이 만들어지는 과정 등을 책으로 배우기만

하는 것이 아니라 직접 체험해 보는 것이죠. 하지만 대부분의 아이들이 도시에 살고, 농촌과 직접 알고 지낼 기회가 없는 상황이라 말처럼 쉬운 일은 아니죠. 그래서 등장한 교육 방법이 바로 학교 텃밭이에요.

학교 텃밭에서 흙을 만지면서 직접 농작물을 키우는 경험은 좋은 식습관을 가지게 하는 데 큰 도움이 됩니다. 실제로 학교 텃밭을 가꾸었던 학교 선생님들의 경험을 들어 보면 그 효과를 더욱 분명하게 알 수 있어요. 학교 텃밭을 통해 농사를 체험하게 되면 음식에 대한 태도가 달라지게 된다고 해요. 음식에 관심을 갖고, 음식의 중요성을 알게 되는 것이죠. 예를 들어 학교 텃밭에서 직접 키워 본 음식 재료는 예전에 싫어하던 음식 재료였음에도 불구하고 맛있게 잘 먹는다고 해요. 강원도 신평초등학교에서는 학교 텃밭에서 학생들이 직접 키운 콩을 급식에 사용했더니 콩밥을 싫어했던 학생들도 맛있게 잘 먹었다고 해요. 이런 텃밭 교육은 학생들이 집중해서 수업을 듣게 해 주고, 선생님과 학생의 사이도 더욱 친하게 만들어 주는 효과도 있다고 하니, 점차 더 늘려 가면 좋을 듯하네요.

우리 학교에는 텃밭이 없으니 이런 경험을 할 수 없다고요? 학교에서만 이런 경험을 할 수 있는 건 아니에요. 이런 아쉬움을 행동으로 실천한 사람들이 있어요. 바로 도시 농사꾼들이지요.

산업화가 되기 전 시대에는 대부분의 사람들이 먹을거리의 생산자이자 동시에 소비자였어요. 현대에는 먹을거리의 생산자와 소비자가 분리되어 있지요. 농민, 축산인, 어민 등은 먹을거리를 생산하고 도시민들은 먹을거리를 소비하죠.

먹을거리의 생산자와 소비자가 분리되면서 생긴 문제가 있어요. 먹을거리 생산자와 소비자 중간에 굉장히 큰 힘을 휘두르는 유통업자나 식품업체가 생겨났고, 생산자와 소비자는 모두 이들에게 끌려가게 되었어요. 그 결과 생산자와 소비자가 먹을거리의 생산과 소비 과정에서 스스로 품질과 가격을 관리하고 결정할 수 없게 되었어요. 생산자와 소비자 사이에 배려하는 자세도 점점 사라지고 있어요. 먹을거리가 소비지에서 멀리 떨어진 곳에서 생산되기 때문에 생산 과정이 소비자에게 알려지지 않고, 먼 거리를 운반하기 때문에 식품 안전 등에 문제가 생기고 있지요.

이러한 문제를 해결하기 위해 시작된 것이 도시 농업이에요. 도시민들이 스스로 먹을거리를 생산하기로 한 것이지요. 오늘날 많은 도시의 시민들이 도시 농업을 직접 하고 있어요. 지구에서 공급되는 식량의 25퍼센트가량이 도시

농업으로 이루어진다는 의견도 있어요. 이처럼 도시 농업이 늘어난 것은 여러 가지 장점이 있기 때문이에요.

이 시대의 먹을거리 대부분이 생산자와 생산 과정을 모른다고 했었지요? 도시 농업은 직접 키워서 먹기 때문에 이러한 문제에서 벗어날 수 있고, 경제적으로도 도움이 돼요. 생산자는 식료품을 구하는 데 들어가는 돈을 아낄 수 있고, 먹고 남은 것은 시장에 팔아 또 다른 이익도 얻을 수 있어요.

무엇보다 도시 농업을 통해 농사를 짓는 농민들의 어려움과 고민을 이해하고 배려할 수 있어요.

캐나다 밴쿠버는 시의 노력으로 시민의 56퍼센트가 자기가 먹는 먹을거리의 일부를 생산하게 되었다고 해요. 우리나라의 경우에도 도시농업지원법이 생기고, 도시 농업 전국네트워크도 생겨났지만 여전히 도시 농업을 하는 사람은 많지 않아요. 사실 우리나라의 도시에는 땅이 부족하기 때문에 도시 농업을 하기 어려워요. 하지만 아파트 베란다나 옥상 등을 이용해서 상추와 파 등을 키워 먹을 수도 있고, 집 주변에서 빈터를 찾을 수도 있지요. 우리나라의 도시 농업은 다른 나라에 비해 출발은 좀 늦었지만 최근에 참여하는 사람들도 늘어나고, 도시 농업에 이용되는 땅도 점점 커지고 있어요.

도시 농사꾼이라는 말이 너무 거창하게 들린다면 가족과 함께 주말 농장이나 농촌 체험 프로그램에 참여해 볼 수도 있고, 작은 화분에서 상추나 토마토 같은 것을 직접 키워 볼 수도 있어요. 지금 당장 시작할 수 있는 것부터 차근차근 해 보면 어떨까요?

세상을 구하는 식생활 실천 방법

❶ 농업에 관심을 가져야 해요

교육을 백년지대계라고 합니다. 그만큼 교육이 중요하다는 것이지요. 그렇다면 농업에는 어떤 표현이 적당할까요? 천년지대계라고 하면 될까요? 사실 농업의 중요성을 따진다면 천년도 짧다는 생각이 들어요.

농업은 다른 산업과 달리 생명과 바로 연결되어 있어요. 현대인들의 삶에 편리함을 제공하는 여러 가지 물건이 있지만 아무리 중요해도 먹을거리만큼 중요하진 않아요. 예를 들어, 스마트폰이나 텔레비전이 없으면 생활이 불편해질지는 몰라도 생명 그 자체에 직접적인 영향을 끼치지는 않지요. 하지만 농업이 사라지고, 먹을거리를 생산하지 못하고, 세계의 식량이 꾸준히 공급되지 않는다면 굶어 죽는 사람이 생기고, 사회가 제대로 돌아가지 않아요. 그럼에도 오늘날 대부분의 사람들은 농업을 중요하게 생각하지 않아요. 농업이 없이도 먹을거리를 얼마든지 구할 수 있다고 착각하고 있어요.

농업이 천년지대계가 되려면 농민의 역할만큼이나 소비자들의 역할도 중요해요. 먹을거리의 생산자인 농민보다 먹을거리 소비자가 더 많기 때문에 소비자의 역할이 더 중요하다고 할 수도 있어요. 값싼 글로벌 푸드가 넘쳐나는 환경에서 농민들은 농사로 먹고살기가 점점 더 어려워지고 있어요. 소비자들은 농업에 자신의 삶과 죽음이 달려 있다는 점을 깨닫고, 농업과 농민에 좀 더 많은 관심을 기울이고, 나아가 농민들과 더불어 천년지대계인 농업 지키기에 더 열심히 나서야 합니다.

② 동네 식품점을 이용해요

사회·경제적으로 점점 더 경쟁력과 효율성이 강조되면서 식품의 공급 과정 분야에도 변화가 일어나고 있어요. 최근 몇 년 사이에 대형 할인 매장이 전국에 많이 들어섰고, 전체 식품 매출에서 이런 대형 할인 매장이 차지하는 비율도 점점 더 늘어나고 있어요. 그동안 식품의 공급에 중요한 역할을 해 오던 재래시장이나 동네 식품점은 점점 더 줄어들고 있어요.

많은 소비자들이 동네 식품점보다 대형 할인 매장을 찾는 이유는 대형 할인 매장이 여러 가지로 편리하기 때문이에요. 주차하기도 쉽고, 한곳에서 먹을거리 말고도 각종 필수품을 동시에 살 수도 있지요. 게다가 나중에 쓸 수 있는 포인트도 제공하지요. 쇼핑 이외에도 식사도 할 수 있고 오락을 즐길 수 있는 시설도 갖추고 있어요. 온갖 상품이 진열되는 대형 할인 매장 자체가 볼거리를 제공하지요. 가격도 동네 식품점보다 싼 데다 종종 할인 행사도 해요. 다양한 브랜드의 제품이 진열되어 있어서 골라 사는 재미도 있지요. 물건에 문제가 생겼을 때 교환도 쉽습니다.

하지만 대형 할인 매장에 장점만 있는 건 아니에요. 도시 한가운데 자리한 대형 할인 매장은 교통을 마비시키는 원인이 되기도 합니다. 이는 시간 낭비, 에너지 낭비, 환경 오염을 일으키지요. 대형 할인 매장이 지역의 일자리를 빼앗기도 해요. 미국 월마트를 연구한 사회학자들에 따르면 월마트에 한 명이 고용될 때마다 지역에서 세 명이 직장을 잃는다고 해요. 대형 할인 매장이 커지면 커질수록 경쟁력이 약한 지역의 상점들은 문을 닫아야 하기 때문이지요. 게다가 대형 할인 매장은 가계 경제에도 좋지 않은 영향을 끼쳐요. 대형 할인 매장의 제품은 여러 개를 묶음으로 팔기 때문에 당장 필요하지 않은 물건이나 다 쓰지 못할 양의 물건을 사게 되거든요. 게다가 대형 할인 매장이 벌어들이는 돈은 그 지역에 도움이 되지 못해요. 대기업에서 운영하기 때문에 많은 돈을 벌어도 매장이 있는 지역에 다시 투자할 가능성이 낮지요.

이런 점에서 동네 식품점을 살려야 합니다. 대형 할인 매장이 하지 못하는 문제를 작은 상점이 해결할 수 있기 때문이에요. 우선 동네 식품점은 찾아가기 쉬워요. 자동차가 없거나 대중교통을 이용하기 어려운 동네의 장애인이나 노인들도 장을 보기 쉽지요. 누구나 평등하게 먹을거리를 파는 곳에 찾아갈 수 있어야 합니다. 동네 식품점이 없다면 교통수단을 이용하기 어려운 사람들은 먹을거리를 구하기 어려울 거예요. 뿐만 아니라 동네 식품점은 동네의 사랑방 역할을 해요. 상점을 드나드는 아이들은 물건을 사면서 어른들을 대하는 법을 배우고, 그 지역에서 경제적으로 어려운 사람들의 생활을 살피는 역할도 할 수 있어요. 게다가

지역의 안전을 지키는 데에도 도움이 됩니다. 일본의 경우 동네 식품점이 문을 닫자 그 주변에서 범죄가 자주 일어나 사회적으로 문제가 된 적이 있었어요.

물론 대형 할인 매장이 소비자들에게 매력적인 것은 틀림없습니다. 시간에 쪼들리고, 편리함을 추구하는 현대의 소비자들에게 더욱 그렇게 느껴지겠지요. 하지만 앞서 살펴본 것처럼 동네 식품점의 좋은 기능을 생각한다면 대형 할인 매장을 자주 이용하는 쇼핑 습관을 바꾸려는 노력이 필요해요.

❸ 좋은 음식을 사는 비중을 늘려야 합니다

'생명 비용'이라는 말이 있어요. 생명을 유지하는 데에 필요한 돈으로, 여기에는 음식을 먹는 데 쓰는 비용과 아플 때 치료하는 비용이 포함돼요. 살아가기 위해 누구나 생명 비용을 씁니다. 하지만 생명 비용의 구성은 모두 다르지요.

생명 비용을 100으로 놓고 보면 어떤 사람은 좋은 음식을 먹는 데 생명 비용의 90퍼센트를 쓰고, 치료비에 나머지 10퍼센트를 씁니다. 하지만 어떤 사람은 음식을 사는 비용을 최대한 아껴 생명 비용의 30퍼센트 정도만 쓰고, 치료비에 나머지 70퍼센트를 씁니다.

두 경우를 예를 들어 어떻게 살겠냐고 물으면 대부분의 사람들이 전자의 경우처럼 치료비보다 음식에 더 많은 비용을 쓰겠다고 답하죠. 맛있고 몸에 좋은 음식을 먹으면서 행복하게 돈을 쓰는 것이 아픈 몸을 치료하는 데 돈을 쓰는 것보다 훨씬 나으니까요. 그러나 현실에서는 후자의 삶을 사는 경우가 대부분이에요. 값싼 음식에 익숙하고 음식이 얼마나 중요한 요소인지 깨닫지 못한 채 생활비에서 먹는 데 들어가는 식비의 지출을 줄이기 때문이죠.

아파서 치료하는 데 돈을 쓰고 싶은 사람은 없어요. 누구나 아프지 않고 건강한 삶을 살길 원하죠. 그런데도 그러한 노력을 하지 않는 현실이 안타깝습니다. 설마 나에게 그런 일이 일어나진 않을 것이라 생각하고 가공식품, 인스턴트 식품, 패스트푸드 등을 먹으며 자신의 건강을 위험에 처하게 하면서 살고 있지요.

개인의 행복을 위해서는 물론이고, 사회나 국가 차원에서 의료비를 줄이기 위해서라도 좋은 식품을 선택하는 식습관을 길러야 합니다.

❹ 바른 식사를 해야 합니다

무엇을 어떻게 먹느냐에 따라 자신, 다음 세대, 환경, 지역사회, 지구에 끼치는 영향은 크게 달라져요. 그럼에도 현대인들의 식사 모습을 보면 아쉬운 점이 많아요.

현대인들의 식사 시간은 대개 규칙적이지 않아요. 바쁘다는 이유로 식사 시간을 넘기고 심지어 야식도 많이 하죠. 이러한 식사는 과식, 소화 장애, 비만 등을 일으킬 수 있어요. 날씬함이나 다이어트가 현대인에게 꼭 필요한 요소처럼 강조되죠. 이것 역시 나쁜 식습관을 만드는 데 큰 몫을 합니다. 지나친 다이어트로 인한 거식증*, 폭식증* 증상을 가진 환자가 점점 늘어나고 있어요. 규칙적으로 끼니를 챙기지 않고 간식으로 식사를 대신하기도 하죠. 이러한 생활 습관 때문에 음식도 대충 먹고, 인스턴트 식품이나 패스트푸드를 더 많이 먹게 돼요.

★ 거식증 먹는 것을 거부하거나 두려워하는 증상.
★ 폭식증 음식을 한꺼번에 지나치게 많이 먹는 증세.

가족이나 친구와 함께하는 식사가 줄고, 혼자 하는 식사, 이른바 혼밥이 늘어나고 있어요. 요즘 유행하는 혼밥은 인스턴트 식품이나 패스트푸드의 이용을 부추기기 때문에 문제가 있어요. 혼자 잘 차려 먹는 것이 익숙하지 않고 시간 낭비, 돈 낭비라는 생각에 대충 끼니를 때우기 위한 간편한 인스턴트 식품이나 패스트푸드를 선택하게 되는 것이죠. 또한 혼자 밥을 먹다 보면 식사 시간이 짧아지는 것도 문제예요. 이러한 식습관은 심각한 영양 불균형을 가져오고, 건강에 문제를 일으키죠. 혼밥은 혼밥에서 그치지 않고 혼자서 술을 마시는 혼술, 혼자서 영화를 보는 혼영 생활 등으로 이어지고 있어요. 서로 협력하기보다 자기 삶만을 챙기는 문화가 퍼지는 것이죠.

꾸준히 건강한 삶을 살기 위해서라도 바른 식사를 해야 합니다. 직접 조리한 음식을 먹고, 식사 예절을 지켜 가며 식사를 해 보세요. 과식하지 않고, 편식하지 않아야 합니다. 로컬 푸드나 슬로푸드로 조리된 식사를 하는 편이 더 안전하고 믿을 수 있어요. 나아가 우리 농업을 지키는 방법이기도 하지요.

세상을 바꾼다는 것은 정말 거창하고 거대한 말입니다. 영웅의 일처럼 느껴지지요. 그런데 내가 매일 먹는 음식으로 세상을 바꿀 수 있다면 하지 않을 이유가 있을까요? 일상생활의 작은 습관을 바꿔 세상을 구하는 작은 영웅이 되어 보세요.

KBS 방송에서 흥미로운 내용이 방영된 적이 있어요. 욕이 식물에 미치는 영향에 대한 실험을 한 것이지요. 같은 조건의 온도나 햇볕 등이 주어진 가운데, 한쪽 그룹의 양파에는 욕을 계속 들려주고, 다른 한쪽 그룹의 양파에게 음악을 들려준 후 일정 기간이 지나 양파의 자란 모습을 살펴보았습니다. 욕을 들려준 양파는 제대로 크지 않은 데 비해 음악을 들려준 양파는 잘 자라 놀라움을 안겨 주었죠. 말을 못하는 식물도 욕에 반응한다는 실험 결과는 충격적이었습니다.

실험 결과대로라면 농민들이 작물을 대하는 태도가 먹을거리에 영향을 미치는 것으로 볼 수 있어요. 농민들이 자신들의 일이나 역할에 대해 사회적으로 인정받지 못하여 자기가 키우는 작물에 욕을 하면서 재배하게 되면, 양파 실험에서 볼 수 있듯이 생산되는 먹을거리는 좋은 먹을거리가 될 수 없을 거예요. 아마도 그러한 먹을거리를 소비자들이 먹게 되면 몸에도 좋지 않겠지요. 반면에 농민들이 자신의 일에 대해 긍지와 보람을 느끼며 즐거운 마음으로 농사를 짓고, 재배하는 작물들을 그런 마음으로 대한다면, 생산되는 농산물은 좋은 먹을거리가 될 거예요. 또한 그 먹을거리를 먹는 소비자들에게도 좋은 결과를 가져오겠죠. 양파 실험은 소비자들이 좋은 먹을거리를 먹으려면, 농민들이 제대로 된 먹을거리를 생산할 수 있도록, 그들을 먼저 제대로 대해야 한다는 사실을 알려 줘요.

하지만 현실은 어떤가요? 국가는 다른 큰 규모의 산업에 신경 쓰느라 그다지 농업을 지키지 못하게 되고 농민에 대한 지원도 크게 줄어들었죠. 일반 소비자들은 농업에 대해 점점 관심을 갖지 않게 되었어요. 농사짓는 일은 고달프고, 힘들고, 돈을 많이 버는 다른 분야의 직업을 갖지 못하는 사람들이 어쩔 수 없이 해야만 하는 직업이 되어 버렸어요. 요즈음은 농대나 농고를 나오고도 농사를 짓지 않는 사람들이 대부분이에요. 농사를 지어서는 현대인들이 꿈에 그리던 편안한 생활을 꾸려 가기가 어렵고, 앞으로도 농사로 먹고살 수 있을 것인지 확실하지 않고, 또 크게 잘못이 없어도 농사를 짓다가 오히려 빚더미에 빠지는 사람들을 종종 보게 되기도 하죠. 그런 현실에서 이들이 영농을 이으려 하지 않는다고 돌을 던질 수는 없어요. 하지만 이들이 관련 분야에 대한 교육을 받고도 농사를 지으려 하지 않는다는 것은 우리 사회에 큰 손해예요. 또 그러한 결과에 대해 우리 사회의 책임이 있다는 것을 인정할 필요가 있습니다.

조금만 생각해 보면, 사실 농민들만큼 중요하고 위대한 일을 이루어 내는 사람들도 많지 않아요. 농민들은 국민의 생명과 바로 연결되는 식량을 생산하고, 국가가 유지되는 데 중요한 식량 주권의 바탕을 마련하고 있으니까요. 농민들은 나라를 균형 있게 발전시키는 농촌 지킴이 역할을 하고 있는 거예요. 농민들은 농업과 영농을 통해 다양한 생물들이 이 땅에 살아갈 수 있게 해 주는 생물 다양성을 지키고 있어요. 또 홍수를 막아 주고, 공기를 깨끗이 만드는 일에도 도움이 되고 있어요. 뿐만 아니라 수천 년간 이어져 내려온 우리의 뿌리라고 할 수 있는 농촌 문화를 지키고 보호하는 일에서도 매우 중요한 역할을 하고 있어요. 실업자가 늘어나는 상황에서 농업과 농촌은 일자리를 만들어 내는 터전이 될 수 있어요.

보다 많은 사람들이 온전한 먹을거리를 먹고, 경제도 활발하게 돌아가게 하려면, 농민들의 기를 살려야 합니다. 농업을 배운 사람들이 다른 직업을 찾지 않고 영농을 할 수 있도록 환경을 만들어야 해요. 콩 심은 데 콩 나고 팥 심은 데 팥 납니다. 농민을 존경하고 잘 대해 주면 농민들은 안전하고 믿을 수 있는 좋은 먹을거리를 생산할 수 있어요.

우리가 먹는 음식의 중요성을 생각할 때, 농민들이 사회적으로 매우 중요한 일을 한다는 것을 인정하고 그것에 맞는 대우를 해 주어야 합니다.

농민들을 대우해야 우리 농업을 살릴 수 있어요. 먹을거리 생산자인 농민의 일과 역할을 제대로 평가하고, 그러한 평가에 맞는 대우를 확실한 행동으로 보여 줄 필요가 있어요. 농민을 제대로 예우하는 것은 농민을 위한 것이자 좋은 음식을 먹게 한다는 점에서 바로 우리를 위한 것이니까요.